Gerenciamento Ecológico
EcoManagement

Guia do Instituto Elmwood
de Auditoria Ecológica
e Negócios Sustentáveis

Gerenciamento Ecológico
EcoManagement

Guia do Instituto Elmwood
de Auditoria Ecológica
e Negócios Sustentáveis

Ernest Callenbach
Fritjof Capra
Lenore Goldman
Rüdiger Lutz
Sandra Marburg

Tradução
CARMEN YOUSSEF

EDITORA CULTRIX
São Paulo

Título do original:
EcoManagement
The Elmwood Guide to Ecological Auditing and Sustainable Business

Edição	Ano
2-3-4-5-6-7-8-9-10	98-99-00-01

Direitos de tradução para a língua portuguesa
adquiridos com exclusividade pela
EDITORA CULTRIX LTDA.
Rua Dr. Mário Vicente, 374 – 04270-000 – São Paulo, SP
Fone: 272-1399 – Fax: 272-4770
E-mail: pensamento@snet.com.br
http://www.pensamento-cultrix.com.br
que se reserva a propriedade literária desta tradução.

Impresso em nossas oficinas gráficas.

Para nossos filhos e os filhos de nossos filhos
que merecem nosso mais solene compromisso
de deixar-lhes uma terra sustentável.

Sumário

Prefácio

Este livro nasceu de um projeto do Instituto Elmwood chamado Arquivo Global, que coleta, analisa e distribui informações sobre as práticas ecológicas bem-sucedidas de empresas e governos. Na visão do Elmwood, a década de 90 é crítica, caracterizando-se pela profunda mudança de uma visão mecanicista para uma visão ecológica do mundo, de um sistema de valores baseado na dominação para um sistema baseado na parceria. O desafio dos anos 90 é criar sociedades sustentáveis, ou seja, ambientes sociais e culturais nos quais possamos "satisfazer nossas necessidades sem colocar em risco as perspectivas das gerações futuras" (Brown et al. 1990, 173).

Nosso primeiro relatório do Arquivo Global — "O desenvolvimento de uma administração com consciência ecológica na Alemanha" (Lutz, 1990) se concentrava na Alemanha, um dos países onde a conscientização ecológica está mais avançada entre a população em geral, bem como entre empresários e políticos. Ali se analisava o conceito e a prática da administração com consciência ecológica por parte da comunidade de negócios da Alemanha, como um interessante exemplo do que se pode esperar em outros países no futuro próximo.

O presente trabalho se ocupa desses assuntos, bem como da prática da "auditoria ecológica" (ou "eco-auditoria"), que está conquistando um reconhecimento cada vez maior como um instrumento essencial da administração contemporânea. Aqui, aprimoramos e ampliamos o referencial conceitual da eco-auditoria além do que foi desenvolvido na Alemanha (e além da auditoria principalmente de cumprimento desenvolvida nos Estados Unidos), e fazemos uma tentativa de estabelecer novos padrões para esse campo em rápido desenvolvimento.

Este guia não pretende fornecer instruções detalhadas sobre a execução de uma eco-auditoria. Em vez disso, ele expõe o referencial cultural e conceitual, estabelece padrões de gerenciamento ecológico e descreve a cultura empresarial necessária para a execução de uma eco-auditoria; também afirma que apenas uma auditoria de semelhante natureza "profundamente ecológica" poderá atenuar efetivamente o impacto ambiental das operações de uma empresa. Finalmente, ele delineia as dimensões e os objetivos de uma eco-auditoria e fornece diretrizes gerais para o seu planejamento.

Para realizar efetivamente uma eco-auditoria do tipo que este livro descreve e preconiza, contudo, é necessário recrutar ou identificar, dentro da empresa, equipes de auditoria com experiência diversificada (energia, química, reciclagem, e assim por diante). Ao fazer seu planejamento, essas equipes devem levar em conta a utilização tanto de métodos quantitativos como qualitativos para a execução da auditoria. Para dar uma idéia de quais possam ser eles, apresentamos uma pequena lista de métodos. A determinadas empresas, alguns deles serão mais adequados do que outros.

Estrutura do livro

O livro se divide em duas partes. A Parte I (Capítulos 1-4) analisa a origem e o referencial conceitual do gerenciamento ecológico. A Parte II (Capítulos 5-11) faz um relato detalhado da teoria e da prática do gerenciamento ecológico preconizadas pelo Elmwood Institute.

O Capítulo 1 examina a origem das "auditorias ambientais" da Europa e dos Estados Unidos durante as décadas de 1970 e 1980, a posterior passagem de uma atitude defensiva e reativa com relação à proteção ambiental para uma atitude ativa e criativa em empresas da Alemanha e da Suíça, as tendências de empresas para a administração sistêmica, e os princípios da administração com consciência ecológica resultantes das novas abordagens criativas.

O Capítulo 2 descreve vários métodos de análise de dados ambientais e examina o problema da quantificação e da importância dos valores, questões básicas da auditoria e da administração ambiental.

O Capítulo 3 examina o trabalho inovador em curso numa grande diversidade de ambientes empresariais, descrevendo as grandes melhorias no desempenho ecológico. Também relaciona organizações, nos Estados Unidos e no exterior, que estão assessorando as empresas no processo de mudança.

O Capítulo 4 apresenta a diferença Elmwood entre administração "ambiental" e "ecológica", comparando-a à diferença entre "ambientalismo superficial" e "ecologia profunda", termos cunhados por Arne Naess (1973) na década de 70. A administração ambiental, do nosso ponto de vista, carece da dimensão ética, não questiona o paradigma predominante, perpetua a ilusão da economia como uma ciência independente de valores, e endossa a ideologia do crescimento econômico. A administração e a auditoria ecológicas, ao contrário, são movidas por uma ética ecológica. Envolvem uma mudança do pensamento mecanicista para o pensamento sistêmico, e de um sistema de valores baseado na dominação para um sistema baseado na parceria. Substituem a ideologia do crescimento econômico pela da sustentabilidade ecológica. Os diferentes valores e estratégias de mudança ecológica, postos em prática por companhias pioneiras e tradicionais, são explorados. Analisam-se as conexões entre questões ecológicas, sociais e de diversidade.

O Capítulo 5 aborda a renovação da cultura empresarial, que constitui a base da administração ecológica. Vários aspectos dessa redefinição (na teoria e na prática) são abordados nesse capítulo, desde os valores e o modo de pensar até a estrutura organizacional e a expressão.

O Capítulo 6 apresenta o conceito da empresa como sistema vivo, com sua ecologia interna e externa. Esse capítulo contém um "fluxograma metabólico" genérico, criado pelo Elmwood Institute como uma ajuda conceitual para uma eco-auditoria abrangente.

Os Capítulos 7, 8, 9 e 10 empregam o fluxograma metabólico numa discussão sistemática da prática da eco-auditoria. Estes capítulos cobrem as quatro principais áreas do gerenciamento ecológico: fluxo de entrada, processamento e fabricação, fluxo de saída, e estruturas de apoio ao fluxo. Cada capítulo contém várias listas de verificação que combinam elementos desenvolvidos na Alemanha com elementos de práticas de outros locais, além de alguns elementos novos desenvolvidos pelo Elmwood Institute.

O Capítulo 11 descreve a seqüência da eco-auditoria e o resultante plano de ação, e analisa as formas de determinar as prioridades. Reitera a questão essencial, qual seja a de que a eco-auditoria e a administração com consciência ecológica só podem ter êxito se a alta direção estiver totalmente comprometida com o processo e com sua contínua implementação.

Agradecimentos

Os autores expressam seus agradecimentos a muitas pessoas que ajudaram na elaboração deste livro.

Nicole Jordan fez valer sua ampla experiência no mundo dos negócios. Regina Münch conduziu uma pesquisa inestimável e ajudou a ordenar o processo de revisões do manuscrito. James Warner tornou mais claras as nossas concepções. Petra Loesch e Francis Marburg traduziram muitos documentos complexos do idioma alemão. Enquanto elaborávamos a primeira versão, Janie Baker e Michael Weil ajudaram a integrar nossos diferentes tipos de material visual e escrito num todo harmonioso. Janja Lalich e Elizabeth Swensen contribuíram com as técnicas de editoração final e produção do livro, possibilitando a finalização do projeto.

A elaboração do manuscrito original foi financiada, em parte, por uma subvenção de Esprit de Corp.

Junho de 1993 The Elmwood Institute
Berkeley, Califórnia

Sobre o Elmwood Institute

O Elmwood Institute, fundado em 1984 por Fritjof Capra, é uma instituição educacional dedicada a promover a instrução básica em ecologia. Instrução básica em ecologia, na definição do Instituto, compreende três componentes: pensamento sistêmico, conhecimento dos princípios da ecologia e prática de valores ecológicos. Os membros do Instituto, uma rede internacional de pensadores e ativistas, compartilham as seguintes percepções sobre a atual situação mundial:

Os maiores problemas de nossa época são, todos eles, sistêmicos — interligados e interdependentes. Esses problemas só podem ser entendidos e solucionados se aprendermos a pensar sistematicamente, em termos de relações, conexões e contexto.

Estamos destruindo o nosso meio ambiente natural porque somos ignorantes em ecologia. Ser ecologicamente instruído significa entender os princípios da ecologia, a "linguagem da natureza".

Instrução ecológica também engloba a ecologia profunda, um sistema de valores centrado na terra e não no homem, respeitando a riqueza e a diversidade de todas as formas de vida.

O *Programa de gerenciamento ecológico* do Instituto explora o terreno onde se cruzam ecologia e negócios. Promove a administração com consciência ecológica e os negócios sustentáveis, e estimula a transformação de valores, idéias e comportamento por meio de pesquisa, educação, diálogo e trabalho em conjunto.

Para obter informações sobre a filiação ao Instituto, pedimos ligar para (510) 845-4595 ou escrever para The Elmwood Institute, 2522 San Pablo Avenue, Berkeley, CA 94710, EUA fax (510) 845-1439.

Sobre os Autores

Ernest Callenbach é o autor do clássico ecológico *Ecotopia*, já traduzido em dez línguas, e de um "pré-segmento", *Ecotopia Emerging*. Também escreveu, com Michael Philips, *A Citizen Legislature* (Legislatura dos Cidadãos) e, com sua esposa Christiane Leefeldt, um *best-seller* para crianças, *Humphrey the Wayward Whale*. Seu livro mais recente é *Living Cheaply with Style*, um guia para viver melhor e com menos impacto ambiental. Ele faz palestras pelo mundo todo sobre temas ecológicos e é professor residente do Elmwood Institute.

Fritjof Capra, físico e teórico de sistemas, é o fundador e presidente do Elwood Institute, um núcleo de pensadores ecológicos dedicado à promoção da instrução ecológica. O dr. Capra, que pertence ao corpo docente do Schumacher College da Inglaterra, pesquisa a teoria dos sistemas e suas aplicações. Escreveu três *best-sellers* internacionais, *The Tao of Physics*, *The Turning Point* e *Uncommon Wisdom*.* Em co-autoria com Charlene Spretnak, escreveu *Green Politics* (Política verde) e, mais recentemente, com David Steindl-Rast, *Belonging to the Universe*.** Também foi co-autor do roteiro do longa-metragem *Mindwalk*, baseado nos livros de Capra e protagonizado por Liv Ullman, Sam Waterston e John Heard.

---

* Publicados pela Ed. Cultrix, São Paulo, com os títulos *O Tao da Física* (1988), *O Ponto de Mutação* (1986) e *Sabedoria Incomum* (1990).

** Publicado pela Ed. Cultrix, São Paulo, com o título *Pertencendo ao Universo* (1993).

Lenore Goldman, mestre em administração de empresas, é consultora organizacional de empresas, de governos e de entidades sem fins lucrativos nas áreas de planejamento estratégico, diversidade e mudança ecológica. Sua especialidade é o trabalho com organizações que buscam combinar seus objetivos sociais, ambientais e financeiros. Entre seus clientes, incluem-se Esprit, Kaiser-Permanente, Nissan-Europe, Word Wildlife Fund, Planned Parenthood, Working Assets Common Holdings e a municipalidade de Santa Fé. A sra. Goldman é co-autora de "Building a Total Quality Culture" (Formação da cultura de qualidade total) em *The Nonprofit Management Handbook* (Manual da Administração de entidades sem fins lucrativos) e de *Strategic Diversity Profile* (Perfil de diversidade estratégica), um instrumento que avalia a cultura do local de trabalho e questões sexistas. Residente na área da baía de San Francisco, participou recentemente de projetos de consultoria na Europa oriental e central.

Rüdiger Lutz, nascido em 1953 em Tübingen, Alemanha, é arquiteto e psicólogo por formação, especializado em ecologia e pesquisa sistêmica do futuro. Graduado pela Universidade de Berlim e pela Universidade da Califórnia, em Berkeley, fundou várias organizações de pesquisa ecológica e ministrou centenas de Seminários do Futuro por toda a Europa, a Inglaterra e os Estados Unidos. Foi professor de Ecologia de Projeto e Teoria do Planejamento em universidades da Europa, e também lecionou na Academia de Artes de Berlim. Unindo a teoria à prática, deu início ao gerenciamento ecológico como gerente geral de uma fábrica de móveis na Alemanha, em conformidade com o referencial do Guia Elmwood. Escreveu e editou mais de doze livros e centenas de artigos, entre eles a versão alemã deste trabalho, *Innovationsökologie*, publicada em Munique em 1992. Atualmente, faz parte de Elmwood Institute e mora na área da baía de San Francisco.

Sandra Marbug foi professora de estudos ambientais e de geografia em várias universidades e faculdades, e atualmente é conferencista da Universidade da Califórnia, em Berkeley. Enquanto realizava pesquisas ambientais no Laboratório Nacional de Marinha da Agência de Proteção Ambiental dos Estados Unidos, ela atuou como coordenadora do Programa de Mulheres da Administração do Serviço Civil, traçando políticas para promover a carreira de mulheres cientistas. Também organizou conferências sobre ecofeminismo, poluição costeira e população global sustentável. Suas áreas de pesquisa incluem história dos recursos naturais e ambientais da América, os papéis da mulher no uso e na administração dos recursos, e a sustentabilidade ecológica.

PARTE I

Conceito e desenvolvimento do gerenciamento ecológico

1

Tendências para o gerenciamento com consciência ecológica

Nas décadas de 1970 e 1980, os desastres ambientais de Seveso, Bhopal, Chernobyl e Basel provocaram um dramático crescimento da conscientização ambiental em toda a Europa, a que se seguiu um crescimento igualmente dramático nos Estados Unidos, onde o vazamento de petróleo do Valdez provocou intensa irritação popular. Milhões de pessoas de todo o mundo reuniram-se em 1990 no Dia da Terra, simbolizando os esforços para "salvar" o planeta. Hoje, há um consenso generalizado de que a década de 90 será a década do meio ambiente.

É importante lembrar que os danos ambientais causados pelas catástrofes que ocuparam as manchetes recentemente são pequenos, quando comparados aos danos cumulativos, na maioria das vezes despercebidos, provocados por um enorme número de poluentes menores, a maioria deles de acordo com as regulamentações legais de seus países (Winter et al. 1987, 11). Na Alemanha ocidental, por exemplo, o dano ambiental foi assim estimado (Wicke 1986, citado em Winter et al. 1987, 17):

Poluição do ar	Acima de DM 48 bilhões (USS$27 bilhões)
Poluição da água	Bem acima de DM 18 bilhões (US$ 10 bilhões)
Danos ao solo	Bem acima de DM 5 bilhões (US$ 3 bilhões)
Ruído	Acima de DM 33 bilhões (US$ 18 bilhões)
Total de danos	Bem acima de DM 104 bilhões (US$ 58 bilhões)

A cifra total de DM 104 bilhões representa aproximadamente 6% do Produto Nacional Bruto (PNB) da Alemanha ocidental em 1984. Não há "balanços ecológicos" semelhantes disponíveis para outros países europeus, porém o dano ambiental total nesses países foi estimado pela Organização para Cooperação e Desenvolvimento Econômico (OCDE) entre 3 e 5% do PNB de cada país.

É claro que essas estimativas ignoram uma série de fatores, ou porque estes não podem ser quantificados e monetarizados, ou porque as interdependências ecológicas pertinentes ainda são desconhecidas. É provável que o verdadeiro dano ecológico seja muito superior às atuais estimativas. A unificação alemã e a abertura de fronteiras entre a Europa ocidental e o antigo bloco comunista intensificaram a percepção internacional de que o dano ambiental é mais profundo do que se imaginava. O alto custo da limpeza está fora do alcance da Europa oriental e central e da Comunidade dos Estados Independentes, e além da vontade da maioria das empresas, dos credores e dos investidores internacionais.

Aumento da preocupação com o meio ambiente

A partir da década de 1980, difundiu-se rapidamente em muitos países europeus a consciência de que os danos "cotidianos" ao ambiente poderiam ser substancialmente reduzidos por meio de práticas de negócios ecologicamente corretas. A Alemanha ocidental, em particular, testemunhou um explosão de produtos e serviços "eco-favoráveis". A vigorosa reação de muitos elementos da comunidade empresarial da Alemanha ocidental ao desafio ambiental precisa ser entendida contra o pano de fundo de três vertentes que moldaram o panorama político alemão na década de 1980. São elas:

- O rápido aumento da conscientização ambiental entre a população em geral, o que teve um efeito significativo sobre as preferências do consumidor, juntamente com a ascensão de um vigoroso movimento ecológico

- O surgimento do protesto tecnológico, dirigido principalmente contra a energia nuclear e outras megatecnologias, como nova forma de protesto político
- A ascensão do Partido Verde e o seu êxito em introduzir temas ecológicos críticos no diálogo político e no processo legislativo.

A convergência dessas três vertentes criou um clima de negócios em que as percepções da dimensão ambiental das práticas empresariais mudaram significativamente em muitas firmas alemãs (Dyllik 1989). Antes da década de 1980, a proteção ambiental era vista como uma questão marginal, custosa e muito indesejável, a ser evitada; em geral, seus opositores argumentavam que ela diminuiria a vantagem competitiva da empresa. Essa era uma reação defensiva, que tinha por objetivo diminuir, rechaçar, combater ou evitar todos os pedidos de indenização por danos ambientais.

Nos anos 80, contudo, os gastos com proteção ambiental começaram a ser vistos pelas empresas líderes não primordialmente como custos, mas sim como investimentos no futuro e, paradoxalmente, como vantagem competitiva. A atitude passou de defensiva e reativa para ativa e criativa. (A Figura 1 mostra o que motivou as empresas a aceitarem a responsabilidade pela proteção do meio ambiente.) "Administrar com consciência ecológica" passou a ser o lema dos empresários voltados para o futuro (Lutz 1990).

Com essa guinada radical, formou-se uma insólita aliança entre algumas empresas alemãs e o movimento ecológico daquele país. Graças a seus especialistas, ao acesso à mídia local e nacional e aos recursos financeiros de que dispunham, as indústrias tiveram condições de colocar em prática muitos projetos de "eco-tecnologia" que tinham sido concebidos por grupos ambientalistas. Assim, o antagonismo inicial entre o movimento ecológico popular e o mundo empresarial transformou-se, em muitos casos, numa cooperação altamente produtiva.

A mudança de percepção entre os líderes empresariais na Alemanha foi bem documentada por pesquisas de opinião. Já em 1984, um levantamento feito pela Associação de Jovens Empresários constatou que 77% dos respondentes eram favoráveis à inclusão da pro-

Fig. 1. Motivação das empresas para proteger o ambiente

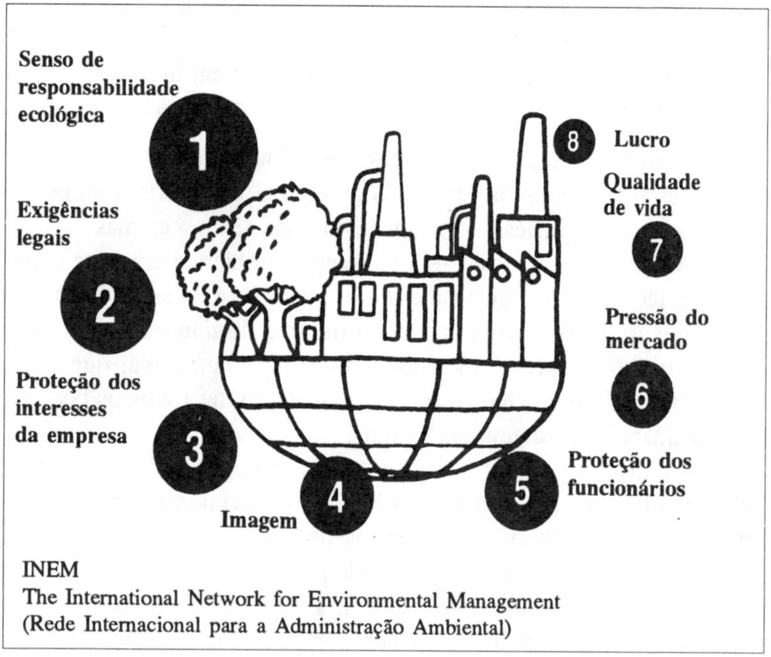

Grafik: © imu - bildinfo, Essen

teção ambiental na constituição da Alemanha; 75% pretendiam introduzir mais considerações ambientais em seus processos de produção, enquanto 60% estavam dispostos a fazer sacrifícios econômicos no interesse da proteção ambiental (Winter et al. 1987, 21).

Nos Estados Unidos, os esforços dos ambientalistas para influenciar as empresas não se restringiram exclusivamente à criação da Agência de Proteção Ambiental e à inédita aprovação da Lei do Ar puro e da Lei da Água pura na década de 1960. Nos anos 70, a Fundação de Conservação deu início às primeiras negociações com defensores do meio ambiente e empresas, que se uniram para encontrar formas mais eficientes de tratar os conflitos legislativos. Os diálogos serviram para identificar áreas de consenso antes de ser proposta a legislação federal e para tornar claros os pontos de divergência. Foi criado o modelo multipartidário para a mediação ambiental e as negociações conjuntas sobre a regulamentação ambiental. Esse modelo também representou uma alternativa às custosas batalhas judiciais.

Nos anos 80, os americanos testemunharam o declínio da limpeza ambiental, do financiamento de programas e da aplicação de punições contra as indústrias poluidoras. O governo federal cortou créditos fiscais para o desenvolvimento de energia solar e outras fontes de energia alternativas. No final da década, o Japão e a Alemanha tinham tomado dos Estados Unidos a dianteira no desenvolvimento da energia solar, tanto em termos de dólares investidos como em porcentagem dos respectivos orçamentos nacionais (Piasecki e Asmus 1990). Simultaneamente, empresas pioneiras deram início à bem-sucedida adoção de métodos ambientais para poupar dinheiro e aumentar as vendas. A noção de que causar prejuízos ao meio ambiente poderia minar a competitividade das empresas começou a conquistar credibilidade.

Os anos 80 também viram a ascensão do ativismo ambiental, desde o Earth First! até amplas coalizões propugnando uma legislação estadual mais rigorosa. Os investimentos submetidos à triagem de cunho social ou ambiental representaram US$ 625 bilhões em 1991 (Harrington 1992); o setor desse tipo de investimento tem sido, de longe, o de mais rápido crescimento.

Os grupos ambientalistas começaram a fazer tentativas bem-sucedidas no sentido de influenciar a política das empresas. Depois do boicote de ativistas à cadeia de lanchonetes Burger King em razão da destruição da floresta tropical brasileira para aumentar as áreas ocupadas por gado de corte, o Fundo de Defesa Ambiental desenvolveu um trabalho com essa gigantesca empresa para ajudar a diminuir o uso de polistireno e lançar grandes programas de reciclagem. A Cultural Survival começou a importar produtos de povos indígenas de hábitats ameaçados, produtos cuja disponibilidade dependia da preservação do meio ambiente. Nozes e óleos das florestas tropicais brasileiras usados para a fabricação de alimentos, botões e cosméticos representaram a maior parcela dos quase US$ 30 milhões de vendas da Cultural Survival em 1991 para firmas como Ben & Jerry's Ice Cream e Body Shop.

Houve uma proliferação de empreendimentos voltados para o ambiente, desde a separação de lixo doméstico para reciclagem até as lojas especializadas em produtos "verdes" e as firmas de mala direta. As empresas pioneiras em práticas com consciência social e ambiental começaram a formar associações, entre as quais o Social Investment Forum, a Social Venture Network e grupos ambientalistas reunindo empresas regionais. As companhias tradicionais deram início a programas de reciclagem, rodízio de caronas para transporte de funcionários, e eficiência de energia. Sem fazer alarde, os estrategistas de longo prazo começaram a introduzir critérios ambientais em suas recomendações de aquisições. Com o término da guerra fria os laboratórios nacionais de armamentos voltaram-se para a exploração de áreas como limpeza de resíduos perigosos e pesquisa de energia.

Por ocasião do segundo Dia da Terra em 1990, também já era visível que as preocupações ambientais tinham um efeito dramático sobre as escolhas dos consumidores nos Estados Unidos. Num levantamento feito em abril de 1990 pela Opinion Research Corporation (McLeod 1990), 71% das pessoas consultadas disseram que tinham mudado de marca devido a considerações de cunho ambiental, enquanto 27% afirmaram ter boicotado produtos por causa dos maus antecedentes ambientais do fabricante. É lícito esperar que nos Estados Unidos, também, cada vez mais empresários vejam os sinais dos tempos e adotem os princípios da administração com consciência ecológica.

Tendências dos negócios para a administração sistêmica

Várias tendências no mundo empresarial norte-americano também prepararam o caminho para uma abordagem mais holística da administração e da mudança organizacional, que muitas vezes é o veículo por meio do qual as empresas tradicionais incorporam preocupações com a administração ecológica. Essas tendências trazem consigo um referencial correlato, e podem proporcionar uma linguagem de transição e estruturas já existentes para que as preocupações ambientais se instalem no coração da empresa, em vez de serem adotadas como simples programas periféricos.

Modelo administrativo dos interessados

Para fazer face a pressões oriundas dos desafios de consumidores, da comunidade e de grupos de interesse, que tomaram vulto nas décadas de 60 e 70, as empresas começaram a empregar o modelo administrativo dos interessados. Em vez de ver a empresa como uma entidade isolada, a empresa era vista em relação com um amplo leque de interessados, ou seja, grupos com interesse nas ações da companhia.

Os interessados óbvios abrangem os funcionários, os gerentes, os acionistas e o conselho de administração. Clientes, sindicatos, fornecedores, agências de publicidade e até concorrentes podem ser considerados interessados. Os agentes reguladores governamentais, a mídia, os cidadãos da comunidade onde a empresa opera, os fornecedores de matérias-primas e de componentes, as indústrias relacionadas (como as que fabricam a tinta para a embalagem do produto), as associações comerciais, outras empresas da comunidade (que podem perder vendas se houver uma dispensa coletiva), os hospitais locais que dão assistência às vítimas de acidentes de trabalho, as pessoas atendidas pelas organizações sem fins lucrativos que recebem doações da empresa — todos estes têm interesse nas operações de uma empresa e podem afetar ou ser afetados pelas decisões dela.

Fazer o levantamento dos interessados de uma empresa tanto pode ampliar o reconhecimento das interligações como determinar áreas até então não consideradas da responsabilidade da empresa. Esse processo pode fazer mais do que prever e prevenir os riscos indesejáveis. Pode sugerir novas oportunidades de parceria e estabelecer o referencial para o verdadeiro diálogo direto, visando criar abordagens conjuntas a problemas empresariais que podem ter impacto sobre os interessados. Infelizmente, essa última prática é rara entre as empresas. O meio ambiente, na verdade, pode ser considerado em si mesmo um interessado de importância crítica, cujos porta-vozes são, na maioria das vezes, os ambientais. Embora a ligação seja óbvia no caso da agroindústria ou do setor de manejo de lixo, usar o modelo dos interessados para exemplificar a ligação no caso de uma empresa de móveis ou vestuário demanda uma análise ecológica.

O modelo administrativo dos interessados fornece uma ferramenta conceitual para que os administradores possam prever o impacto de grupos externos sobre a empresa. Os departamentos de administração de risco julgam que esse tipo de análise pode ajudar a prevenir problemas, em especial aqueles derivados do impacto do protesto social. As surpresas, por conseguinte, são reduzidas. Contudo, a administração dos interessados é um referencial conceitual que não fornece nem recomendação de ações nem um sistema de valores para nortear os rumos da empresa.

Administração de qualidade total

A administração de qualidade total para o ambiente está sendo atualmente explorada em várias empresas (das quais a Xerox Corporation é um exemplo notável), e representa uma extensão do movimento de Total Quality Management (TQM), ou de Administração de qualidade total (TQM). Elaborada a partir de trabalhos que remontam à década de 1920, a TQM foi desenvolvida por W. Edwards Deming depois da Segunda Grande Guerra, no trabalho que desenvolveu junto a empresas japonesas. O movimento foi posteriormente incrementado por Genichi Taguchi, Joseph Juran, Philip Crosby e outros, quando granjeou ampla aceitação empresarial no mundo ocidental, no início da década de 1980 (Gabor 1990). A administração de qualidade total se concentra no contínuo aprimoramento dos processos empresariais a fim de atender mais plenamente as necessidades e expectativas do cliente. A estratégia foi considerada um fato crítico na capacidade do Japão de arrebatar fatias de mercado, vendas, lucros e lealdade dos consumidores de empresas norte-americanas e européias.

A TQM usa uma visão interdependente da administração, que se estende bem além das fronteiras da organização. Ela ultrapassa a simples melhoria da qualidade de final de processo, dando ênfase ao compromisso de longo prazo. Todo o sistema é reestruturado — da organização inicial de equipes de trabalho até as avaliações do cliente, muito após a compra. A TQM se vale de uma abordagem de equipes de cooperação, atribuindo à gerência a responsabilidade de proporcionar condições ótimas para as equipes. Ela enfatiza o alto grau de envolvimento do empregado, a descentralização e a comunicação multilateral de cima para baixo, de baixo para cima, lateralmente ou entre os departamentos (Champoux e Goldman 1992).

A Administração de qualidade total e a TQM para o ambiente podem representar estruturas úteis para a fomentação da consciência ecológica, levando a uma avaliação ecológica de produtos e processos, bem como a uma avaliação da qualidade intrínseca, e do atendimento ao cliente. Entretanto, a TQM está atualmente sendo submetida a um rigoroso exame porque, na busca permanente de uma qualidade cada vez maior, ela cria condições de trabalho implacavelmente geradoras de grande *stress*. Complexas estruturas para implementar esses esforços têm obtido sucesso variável. Privilegiar a satisfação das necessidades imediatas do consumidor pode representar um empecilho à criação de novos produtos, ao abandono de produtos populares, embora ecologicamente inadequados, e à educação ativa do consumidor sobre novos produtos ambientais.

Integração do trabalho, da família e do estilo de vida

As empresas também estão ampliando a responsabilidade que têm no tocante ao ambiente social interno proporcionado aos funcionários. À medida que mais integrantes da geração do "baby boom" começaram a constituir família, que mais mulheres assumiram cargos de administração das empresas, e que mais executivos do sexo masculino começaram a dividir a custódia dos filhos após o divórcio, aumentou a pressão para que as empresas assimilassem as preocupações familiares. Mesmo antes da aprovação da lei federal sobre a licença-família em 1993, centenas de empresas já estavam concedendo licença-maternidade e paternidade, assistência aos filhos, tempo de trabalho flexível, partilha de cargo e licenças pessoais/doenças discricionárias para atenuar as pressões enfrentadas pelos pais que trabalham.

Como aconteceu com as melhorias no desempenho ambiental das empresas, os resultados favoráveis com a satisfação dos empregados, a motivação e a lealdade à empresa muitas vezes foram reforçados por melhorias reais de desempenho no trabalho. A reação positiva a essas políticas abalou o conceito do indivíduo isolado que faz a escalada do sucesso a um enorme custo pessoal. A possibilidade de conciliar responsabilidades profissionais e familiares estimula a promoção de mulheres a postos-chave na estrutura e a participação ativa dos homens na criação dos filhos.

Há uma tendência incipiente de reconhecimento e apoio a estruturas familiares alternativas, visível na concessão de benefícios de família, de saúde, de morte e de outros a "parceiros domésticos", o que inclui homossexuais masculinos e femininos e, em alguns casos, casais heterossexuais não casados. A publicação semanal *Village Voice*, de Nova York, proporciona benefícios de saúde a parceiros domésticos desde 1982, sem mudança significativa em custos de seguros resultantes de indenizações. Metade dos inscritos são homossexuais. A empresa de *software* Lotus oferece esses benefícios a empregados homossexuais masculinos e femininos simplesmente porque eles "não têm a opção de legalizar relacionamentos permanentes e exclusivos pelo casamento" (Mickens 1991, 14).

A partir da segunda metade da 1970, as empresas têm incentivado práticas preventivas de saúde e estilos de vida mais saudáveis, para diminuir os custos de seguro saúde e melhorar a produtividade dos empregados.

Pagamentos de mensalidades de clubes de saúde e academias, cursos internos de condicionamento físico, além de grupos de apoio para ajudar os funcionários a perder peso ou a parar de fumar, já não são incomuns.

Muitas empresas estão financiando a reabilitação de funcionários viciados em drogas e em álcool, por terem constatado que contribuir para a recuperação de um empregado pode custar menos do que demiti-lo e fazer uma nova contratação. O impacto social é grande. É também um passo crítico para uma perspectiva de administração sistêmica, para reconhecer e reagir à teia de relações humanas de que a empresa faz parte.

A organização em aprendizagem

As estratégias para a mudança organizacional, historicamente, basearam-se na premissa de que era possível abordar a mudança de uma forma linear, passo a passo. Por volta de meados da década de 1980, a mudança turbulenta já tinha se tornado o estilo de vida das empresas de muitos setores de atividade. A instabilidade econômica, no auge da época das aquisições alavancadas e dos títulos de alto risco, não fez mais que acentuar as tendências à volatilidade provocada pela globalização da economia, pelo aumento da concorrência por parte do Japão e da Alemanha e pela aceleração do desenvolvimento tecnológico. Como operar numa empresa que enfrenta uma "guerra permanente" (Vaill 1989), em que a mudança turbulenta e imprevisível é a norma?

Peter Senge (1990) sustenta que as organizações que sobreviverão e florescerão são as voltadas para o futuro — as que são capazes de assimilar informações novas, adaptar, mudar. Em essência, capazes de aprender. Não há respostas claras para muitos dos desafios que as empresas têm pela frente. Senge acredita que o sucesso das organizações reside na capacidade do grupo e das pessoas que o compõem de assimilar cinco tecnologias: pensamento sistêmico, domínio pessoal, modelos mentais, visão compartilhada e aprendizagem em equipe. Essas habilidades capacitam a equipe a prever e a reagir a condições em rápida mudança.

Muitas vezes, promover a aprendizagem de funcionários leais e capazes é mais vantajoso para a empresa do que fazer constantes demissões e recontratações, à medida que as prioridades vão mudando, ou aferrar-se ao controle e negar a necessidade de mudança. Cabe à alta administração a responsabilidade de criar uma organização que promova a aprendizagem: formulando perguntas "mudas", conquistando apoio, incentivando a experimentação.

Administração com consciência ecológica

A inclusão da proteção do ambiente entre os objetivos da administração amplia substancialmente todo o conceito de administração.

Os objetivos da administração, tradicionalmente, eram quase exclusivamente econômicos. No entanto, desde a segunda grande guerra, com a crescente integração da dimensão social na economia, em especial na Europa, objetivos sociais — proteção do emprego, seguridade social, participação dos trabalhadores, condições humanas de trabalho, e assim por diante — somaram-se aos objetivos puramente econômicos. Em meados da década de 1950, o resultado tinha sido uma significativa ampliação do conceito de administração, em teoria e na prática (Dyllik 1989).

Nos Estados Unidos, nesse mesmo período do pós-guerra, as reivindicações sociais propugnadas pelo movimento trabalhista dos anos 30 foram corroídas pelo macartismo. O movimento trabalhista organizado burocratizou-se, optando pela segurança do salário em detrimento de questões relativas ao controle dos trabalhadores; a assinatura do primeiro contrato de três anos pelo Sindicado dos trabalhadores da indústria automobilística em 1950 foi emblemática dessa guinada. A subseqüente elevação dos salários reais e da segurança de emprego dos operários americanos coincidiu com o desenvolvimento da indústria da propaganda e do consumismo. Sem uma tradição social-democrata nem um papel firmado do trabalhismo no governo, tal como existia na Europa, milhões de pessoas da "outra" América viviam na pobreza, sem assistência médica nem assistência social. As reformas sociais só foram retomadas com a legislação que veio na esteira da "Grande Sociedade" e dos movimentos sociais das décadas de 1960 e 1970. Nos anos 80, entretanto, importantes conquistas socioeconômicas e ambientais foram outra vez desmanteladas ou vegetaram sem entrar em vigor.

A evolução na Alemanha foi mais uniforme. Durante a década de 1980, em muitas regiões da Alemanha, o conceito de administração foi sendo gradualmente ampliado até incluir a dimensão ecológica. Isso ocorreu a princípio de forma esporádica, quando administradores e empresários, independentemente, introduziram em suas empresas programas de reciclagem, medidas para poupar energia e outras inovações ecológicas. Essas práticas difundiram-se rapidamente, e em breve vários pioneiros dos negócios desenvolveram sistemas abrangentes de administração de cunho ecológico.

O mais bem-sucedido desses programas abrangentes foi o "sistema integrado de administração com consciência ecológica" criado por Georg Winter, hoje conhecido simplesmente como o "modelo Winter". Do ponto de vista prático, várias companhias juntaram forças para constituir a Associação Federal para a Administração com Consciência Ecológica (a sigla em alemão é BAUM, que significa "árvore"), com a finalidade de promover e aprimorar o modelo Winter (ver Lutz 1990).

Benefícios da administração com consciência ecológica

Winter enumera seis razões pelas quais todo administrador ou empresário responsável deve implementar os princípios da administração com consciência ecológica em sua companhia (Winter et al. 1987, 21):

1. ***Sobrevivência humana***: sem empresas com consciência ecológica, não poderemos ter uma economia com consciência; sem uma economia com consciência ecológica, a sobrevivência humana estará ameaçada.
2. ***Consenso público***: sem empresas com consciência ecológica, não haverá consenso entre o povo e a comunidade de negócios; sem esse consenso, a economia de mercado estará politicamente ameaçada.
3. ***Oportunidades de mercado***: sem administração com consciência ecológica, haverá perda de oportunidades em mercados em rápido crescimento.
4. ***Redução de riscos***: sem administração com consciência ecológica, as empresas correm o risco de responsabilização por danos ambientais, que potencialmente envolvem imensas somas de dinheiro, e de responsabilização pessoal de diretores, executivos e outros integrantes de seus quadros.
5. ***Redução de custos***: sem administração com consciência ecológica, serão perdidas numerosas oportunidades de reduzir custos.

6. ***Integridade pessoal***: sem administração com consciência ecológica, tanto os administradores como os empregados terão a sensação de falta de integridade pessoal sendo, assim, incapazes de identificar-se totalmente com seu trabalho.

A satisfação com o emprego é necessariamente intensificada com a consciência de que o trabalho de cada um é efetuado com o menor prejuízo possível ao ambiente, à saúde pessoal, e às oportunidades das gerações futuras. O trabalho de Lawler (1969; ver também Hackman e Oldham 1980) sobre desenho de cargos comprovou que um componente fundamental da satisfação com o contexto do trabalho é o senso de realização. A teoria da transformação organizacional sugere uma necessidade semelhante: o trabalho precisa ter um sentido maior para os empregados, suas necessidades "espirituais" precisam ser reconhecidas. Essa busca da unidade, no relacionamento com o ambiente em geral, é congruente com o gerenciamento ecológico.

Está implícita nessa filosofia a noção de sustentabilidade, que também se tornou um conceito-chave do movimento ambientalista nos Estados Unidos (Brown 1981). A palavra sustentabilidade também entrou para o jargão dos círculos internacionais de negócios desde que o Conselho de empresas para o desenvolvimento sustentável (1992) do bilionário suíço Stephan Schmidherney divulgou uma conclamação pelo compromisso ambiental por parte das empresas, por ocasião da Conferência de Cúpula da Terra da UNCED no Rio de Janeiro.

No modelo Winter, há seis princípios considerados essenciais para o sucesso a longo prazo de uma empresa administrada de forma responsável (Winter et al. 1987, 22):

- ***Qualidade***: um produto é de alta qualidade apenas se for fabricado de forma ambientalmente benigna, e se puder ser usado e descartado sem causar danos ambientais. [De acordo com o Elmwood, essa formulação é um tanto ingênua, pois toda atividade industrial provoca dano ambiental; o objetivo é *minimizar* os danos.]
- ***Criatividade***: a criatividade da força de trabalho de uma empresa é intensificada quando as condições de trabalho respeitam

as necessidades biológicas humanas (baixo nível de ruído, alimentação saudável, arquitetura de cunho ecológico, etc.).

- ***Humanidade***: o clima geral de trabalho será mais humano se os objetivos e estratégias da empresa forem voltados não apenas para o sucesso econômico, mas também para o senso de responsabilidade para com todas as formas de vida.
- ***Lucratividade***: a lucratividade da empresa pode aumentar pela adoção de inovações ecológicas redutoras de custo e pela exploração de oportunidades de mercado de produtos de apelo ecológico.
- ***Continuidade***: no interesse da continuidade da empresa, torna-se cada vez mais importante evitar riscos de responsabilização decorrentes da legislação ambiental cada vez mais rigorosa, e riscos de mercado resultantes da demanda decrescente de produtos danosos ao ambiente.
- ***Lealdade***: em última análise, os funcionários de uma empresa são leais a seu país e a seus concidadãos devido a uma ligação emocional, que só existe enquanto o país não se descaracteriza como resultado da destruição do ambiente.

O modelo Winter inclui o uso estratégico de instrumentos tradicionais de administração para fins ecológicos (Winter et al. 1987, 23). Assim, os administradores de orientação ecológica usam os canais de comunicação especiais e muitas vezes internacionais de que dispõem, bem como sua influência nas câmaras de comércio e organizações de classe. A eficácia das equipes de administração, treinadas e experientes em fixar metas e fazer com que sejam atingidas, é estendida ao contexto ambiental. A criatividade dos funcionários pode ser mobilizada para as atividades ecológicas, por meio, por exemplo, de programas de sugestões.

Três elementos-chave são característicos das estratégias da administração com consciência ecológica (Dyllik 1989):

- ***Inovação***: ao contrário das tradicionais inovações poupadoras de capital e trabalho, as estratégias com consciência ecológica requerem inovações "eco-favoráveis" e conservadoras de recursos. Essas inovações ecológicas podem ser de dois tipos:

as que diminuem o impacto ambiental das operações de uma empresa, e as que trazem vantagens ecológicas ao consumidor. As primeiras geram economias de custo, as últimas geram vantagens competitivas.

- ***Cooperação***: a importância da cooperação entre os agentes do ciclo completo de vida de um produto — das matérias-primas, passando pela produção, até o uso e o descarte — deriva do fato de que os efeitos econômicos e ecológicos obedecem a leis diferentes. Enquanto a competição é o princípio norteador no primeiro caso, a cooperação é essencial ao segundo.
- ***Comunicação***: nas estratégias tradicionais de administração, comunicação e relações públicas são estendidas como componentes de *marketing*, restringindo-se à publicidade de produto ou institucional. Nas estratégias de administração com consciência ecológica, ao contrário, a tarefa da comunicação adquire uma importância estratégica global, devido à crise de confiança que afeta as empresas individualmente e setores inteiros.

2

Métodos de auditoria ambiental e ecológica

Todas as atividades econômicas causam impacto sobre a sociedade e o meio ambiente e, portanto, geram custos sociais e ecológicos. A economia convencional trata esses custos, por mais vultosos que sejam, como "circunstâncias exteriores". Eles são excluídos dos balanços patrimoniais e repassados pelo sistema para a população em geral, para o ambiente e as gerações futuras (Henderson 1981, 12).

A "auditoria" levada além dos dados financeiros

No final dos anos 60, o isolamento das empresas em relação ao mundo real onde se inserem tornou-se alvo de severas críticas em muitos países industrializados. Em conseqüência das revoltas dos estudantes e operários em 1968 na França, e dos levantes de negros em Watts, Detroit e Washington, D.C., a vigilância e o protesto contra as operações de empresas privadas e governamentais atingiram outro patamar. Críticos bem informados de empresas, como Ralph Nader e o Conselho de Prioridades Econômicas, começaram a dirigir a atenção do público para um conjunto de novas questões empresariais. Entre elas, ressaltavam a contratação e a promoção de minorias e de mulheres; os efeitos da poluição, a qualidade dos produtos e a segurança; e a responsabilidade pela comunidade. Disseminou-se o ponto de vista de que os "constituintes" de uma empresa englobam muitos outros personagens além dos acionistas; seus empregados, consumidores e fornecedores, as comunidades em que as operações são realizadas, o governo e a sociedade como um todo.

No início da década de 1970, já estavam sendo feitas tentativas de conceber uma "contabilidade social" — a avaliação do desempenho das empresas com base não apenas em simples premissas financeiras (Bauer, 1973). Parte desse trabalho foi realizado por analistas de faculdades de administração, mas várias empresas americanas fizeram levantamentos internos de seu próprio desempenho, que foram chamados de "auditorias sociais". Surgiu também o conceito de um "Relatório de troca com o ambiente", numa analogia com os relatórios de fluxo de caixa (Corcoran e Leininger 1970). Na Alemanha e na Suíça, durante o final dos anos 70, o balanço tradicional foi ampliado nesses mesmos moldes (Müller-Wenck 1980, citado em Steger 1998, 317).

A princípio, havia apenas uma questão social passível de tratamento quantitativo: a contratação, retenção e promoção de minorias e mulheres (mais tarde estendida a outras categorias de trabalhadores). Regulamentações governamentais exigiam que as empresas preparassem relatórios quantitativos anuais sobre seu desempenho nessa área, o que conferiu um certo grau de objetividade aos padrões de comparação e avaliação.

Um pequeno número de empresas americanas continua a fazer essa auto-avaliação de desempenho social, em parte por questões internas de administração, em parte para fins de relações públicas. O Conselho de Prioridades Econômicas (CEP) ampliou grandemente o escopo de suas atividades e atualmente publica *Shopping for a Better World* (Comprar para um mundo melhor) (Martin, Swaab e Will 1990), um guia de larga circulação dirigido aos consumidores. Esse guia, baseado numa grande quantidade de questionários e pesquisas diretas, classifica as empresas em termos de doações beneficentes, promoção de mulheres, promoção de minorias, contratos de defesa militar, testes com animais, transparência para com a sociedade, impacto sobre a comunidade, energia nuclear, envolvimento com a África do Sul e ambiente.

Nos anos 60, uma profunda mudança na atitude do povo americano com relação à necessidade de normas ambientais federais, suscitada em parte por *Silent Spring* (Primavera silenciosa), de Rachel Carson, resultou em pressão para que os políticos agissem. Leis de importância crucial, promulgadas no final dos anos 60 e no começo dos anos 70, além de criarem a Agência de Proteção Ambiental, estabeleceram políticas de âmbito nacional para emissões e descargas, avaliações de impacto ambiental, uso de pesticidas, etc. Com o surgimento dessas normas nacionais e de outras semelhantes em âmbito estatal, tornaram-se comuns as avaliações quantitativas de impacto na atmosfera e na água, de níveis de toxidade e de normas de saúde. Esses desdobramentos combinados levaram ao que denominamos "auditoria ambiental".

Algumas empresas norte-americanas também criaram políticas internas para questões ambientais, mais rigorosas ainda que as regulamentações governamentais. Contudo, o método fundamental da auditoria ambiental americana envolve a comparação entre os procedimentos da empresa (em questões tais como instalações para estocagem de materiais ambientalmente perigosos, ou emissão de resíduos na atmosfera e na água) e o que é permitido por um conjunto de leis e regulamentos. Essas leis são:

- Lei do Ar Puro
- Lei da Água Pura
- Lei da Recuperação e Conservação de Recursos
- Lei Abrangente Ambiental de Responsabilidade, Limpeza e Responsabilização ("Superfundo")
- Lei da Água Potável Segura
- Lei de Controle de Substâncias Tóxicas
- Lei Federal Sobre Inseticidas, Fungicidas e Rodenticidas
- Lei de Mineração e Recuperação do Solo
- Lei do Direito da Comunidade à Informação

As Leis de Segurança e Saúde Ocupacional também têm relação com fatores ambientais. Além disso, a Comissão de Valores Mobiliários tem demonstrado forte interesse pela auditoria ambiental, já que esta pode afetar a cotação de empresas com ações negociadas em bolsa.

A maior parte das auditorias ambientais levadas a efeito por empresas dos Estados Unidos até o momento reflete uma atitude defensiva e reativa. Na prática de auditoria americana, a palavra "ambiental" geralmente traz implícito um adjunto: "conforme determina a lei". Assim, se o congresso ou outros órgãos ainda não tiverem incluído no texto da lei o impacto ambiental, este é em geral ignorado (a menos que estejam presentes sérios riscos financeiros). Nos Estados Unidos, a "auditoria de cumprimento", como é freqüentemente chamada, volta-se para o cumprimento dos regulamentos federais, estaduais e municipais, e para a evitação da responsabilidade legal. Esse tipo de auditoria desenvolveu-se em primeiro lugar e de forma mais profissional nas grandes empresas, em especial nas que pertencem a setores industriais cujas descargas e emissões foram, desde cedo, objeto de fiscalização, e foram submetidas a regulamentação. A maioria das grandes firmas que geram resíduos tem atualmente programas de auditoria interna e/ou usa serviços de auditores externos.

As empresas americanas ainda tendem a ver a auditoria sob um prisma relativamente legalista e estritamente técnico — como meio de evitar multas e processos, e como meio de preparação para cumprir as regulamentações governamentais, que podem demandar a atenção da alta direção e, às vezes, exigir que a empresa faça investimentos de vulto. As pessoas que trabalham em auditoria às vezes mencionam o objetivo de aumentar o "conforto" da administração, o que é feito confirmando que sistemas para monitorar e controlar impactos ambientais definidos estão implementados e funcionam a contento.

De acordo com um manual americano (Cahill 1987), os objetivos típicos de uma empresa norte-americana em termos de auditoria ambiental são:

- Assegurar o cumprimento
- Definir possibilidades de responsabilização legal
- Proteger os altos executivos da empresa de responsabilização legal
- Levantar dados para aquisições e fusões

- Acompanhar e relatar os custos de cumprimento
- Transferir informações entre unidades operacionais
- Definir responsabilidades dos gerentes.

A partir de meados da década de 1980, a Agência de Proteção Ambiental (EPA) dos Estados Unidos tem dado grande estímulo aos esforços sérios de auditoria por parte das empresas. A agência considera-os tentativas bem-intencionadas de atenuar os impactos ambientais, e, evidentemente, essas iniciativas tendem a garantir um tratamento relativamente magnânimo por parte daquele órgão quando se descobrem infrações e quando se negociam acordos de conformação. A existência de um programa de auditoria também pode tornar mais eficientes a supervisão e a fiscalização da EPA em períodos em que esse departamento conta com verbas reduzidas. Além disso, muitos membros da EPA acreditam que a abordagem "pró-ativa" incorporada aos programas de auditoria diminui a probabilidade de ocorrência de desastres ambientais.

Algumas auditorias ambientais americanas são executadas de modo muito sigiloso e acompanhadas de perto pelo departamento jurídico da empresa, para impedir que informações que possam causar dificuldades à empresa ou deixá-la exposta a processos legais venham a tornar-se de conhecimento público. Nesses casos, os relatórios de auditoria são rigorosamente resguardados e reservados unicamente aos altos executivos e às vezes são feitos apenas verbalmente.

Existem, no entanto, muitas empresas americanas que fazem circular os relatórios de auditoria de forma razoavelmente ampla entre seus gerentes. Há também casos singulares, como o das empresas de serviços públicos, cujas relações com os comitês de serviços públicos são necessariamente abertas e que, por isso, facilitam o acesso a seus relatórios.

No Reino Unido, a maioria das auditorias ambientais, principalmente as executadas por grandes grupos de consultoria, são encomendadas por empresas norte-americanas com operações no exterior. Como acontece nos Estados Unidos, praticamente todas essas auditorias são de cumprimento (Elkington 1990). A postura básica dessas companhias também é defensiva. A mudança de percepção que ocorreu num considerável contingente dos empresários alemães no decorrer da última década ainda não atingiu as companhias britânicas.

A Environmental Data Services Ltd. de Londres faz relatórios sobre o desempenho ambiental de empresas há mais de dez anos. Esses perfis de empresa, apesar de não serem auditorias formais, representam uma excelente indicação de como uma organização externa é capaz de monitorar o desempenho ambiental da indústria (Elkington 1987, 61).

O número de perfis, auditorias e bases de dados de pesquisa semelhantes sobre o desempenho ambiental e social de empresas está aumentando, nos Estados Unidos, em decorrência de vários fatores. O crescente mercado de investimentos com consciência social, da ordem de US$625 bilhões, tem criado a demanda de análises sociais e ambientais de empresas. Alguns fundos de investimento, como Working Assets Common Holdings ou Calvert Social Investment Funds, contam com departamentos internos de pesquisa. Várias firmas privadas de consultoria e grupos de pesquisa sem fins lucrativos, que investigam a atividade ambiental e social de empresas, proporcionam essas informações ao público a uma taxa módica.

O livro de Milton Moskowitz *The 100 Best Companies to Work for in America* (Moskowitz, Levering e Katz 1993), periodicamente atualizado, leva em conta aspectos sociais e ambientais, porém atribui peso especial às condições internas da empresa com reflexos sobre a motivação, a lealdade e o desempenho dos funcionários. A Levi Strauss, por exemplo, apesar de famosa pelos extraordinários antecedentes no tocante à diversidade cultural, às doações beneficentes, ao envolvimento com a comunidade, ao compromisso com a qualidade, à melhoria ambiental e à participação dos empregados, foi excluída da lista de Moskowitz de 1993 devido ao brusco fechamento (sessenta dias de aviso prévio a milhares de empregados antigos da Levi) de suas fábricas no Texas, para reduzir custos transferindo a produção para o exterior, em condições menos corretas do ponto de vistas social e ecológico.

O Conselho de Prioridades Econômicas mantém uma base de dados sobre práticas ambientais de empresas, bem como relatórios de auditoria e informações de pesquisas, que usa para elaborar sua publicação anual *Shopping for a Better World*. Esse guia classifica o desempenho social e ambiental de fabricantes de centenas de produtos de consumo popular. Todas as empresas classificadas no guia americano são obrigadas a fazer seu próprio relatório de auditoria interna, que é em seguida comparado com dados externos. A filial britânica do Conselho, New Consumer, tem um sistema próprio de classificação, concebido para companhias do Reino Unido. O *Asahi Journal* do Japão publicou uma edição especial em 1991 apresentando 70 empresas japonesas que se classificaram a si mesmas de acordo com critérios semelhantes, adequados ao contexto empresarial japonês. A edição de 1993 irá incluir informações de fontes governamentais e independentes.

Nos Estados Unidos, a Coalition for Envirommentaly Responsible Economics (Coalizão para a economia ambientalmente responsável — CERES) estabeleceu os Princípios CERES (1990), anteriormente denominados Princípios Valdez, numa alusão ao vazamento de petróleo da Exxon (ver Apêndice B). Os Princípios destinam-se a servir de padrão básico de responsabilidade ecológica que as empresas concordarão em adotar voluntariamente, muito à semelhança dos Princípios Sullivan, que se tornaram um padrão que transformou as práticas empresariais na África do Sul e deu respaldo aos esforços para eliminar o *apartheid*. Exige-se que os signatários executem uma auditoria anual e divulguem seus resultados, que podem ser objeto de revisão externa. A CERES compromete-se a admitir como signatários dos Princípios não apenas empresas "limpas", mas também aquelas que demonstrem estabilidade nas melhorias conseguidas.

Ainda está por ser criado o *momentum* empresarial de sustentação aos Princípios CERES. Muitas empresas temem que o fato de tornar público um compromisso ambiental ou social signifique colocar-se à mercê de uma fiscalização mais rigorosa da mídia. As companhias que fazem a promessa solene de melhorar seu desempenho ecológico são tidas num patamar mais elevado — e podem atrair mais publicidade negativa em função de seus pontos fracos do que as companhias cujo histórico é muito pior, mas que não tentam mudar.

Uma das contribuições mais significativas que a CERES e outras iniciativas semelhantes poderiam fazer seria estabelecer os padrões de futuros princípios ecológicos geralmente aceitos, à semelhança dos princípios contábeis geralmente aceitos, que evoluíram ao longo de quase uma década, a de 1930, através do diálogo e de experimentações com avaliações de empresas norte-americanas. Esses padrões podem orientar os procedimentos de relatório ecológico que serão exigidos e comprovados por auditores externos, como ocorre com as demonstrações financeiras de empresas. Companhias pioneiras como Ben & Jerry's, Patologia e Esprit, com sua ecoleção de roupas, estão estudando formas de criar sistemas de contabilidade ecológica, gerando uma demanda do lado das empresas. As Nações Unidas também estão tratando do assunto.

Um sistema que estabelece relações numéricas entre os impactos ecológicos positivos e negativos atrai a atenção. Essa contabilidade ecológica proporciona uma nova "linha do resultado final" pela qual se possa avaliar as empresas. No futuro, este deve mostrar-se um critério mais judicioso para aferir o valor e o potencial das empresas. É possível que os investidores e acionistas usem cada vez mais a sustentabilidade ecológica, no lugar da estrita rentabilidade, como critério para avaliar o posicionamento estratégico de longo prazo das empresas. O movimento ambientalista precisa unir-se decididamente ao quadro cada vez maior de economistas ecológicos, para atacar a complexa tarefa de criar padrões e delinear procedimentos contábeis implementáveis para a elaboração de relatórios acurados sobre o desempenho ecológico das empresas.

A Câmara Internacional de Comércio (CIC) assumiu a liderança na defesa da auditoria ambiental, porém um rápido exame de seu folheto de 1988, *Environmental Auditing* (Auditoria ambiental), indica que se trata unicamente de auditoria de cumprimento. Ademais, talvez prevendo maior rigor nas regulamentações e na fiscalização da população, o folheto da CIC sublinha ser "essencial que o procedimento seja visto como responsabilidade da própria empresa, que seja voluntário e para uso exclusivo da empresa" (CIC 1988, 12).

As auditorias ambientais são um passo essencial para minimizar os impactos ambientais mais graves e vastos da moderna indústria.

Essas práticas norte-americanas já estão sendo adotadas, em certa medida, na Europa. Acreditamos que todos os governos responsáveis deveriam criar ou ampliar regulamentações ambientais, para que esse tipo de auditoria fosse adotado tão brevemente quanto possível em todas as empresas do mundo todo. A regulamentação sozinha, todavia, provavelmente não resultará em uma maneira nova ou criativa de pensar sobre numerosos aspectos das operações de uma empresa. Para tanto, são necessárias metodologias inovadoras.

Análise de dados ambientais: quantidade e qualidade

Todas as práticas administrativas de cunho ecológico, e a auditoria em particular, requerem um sistema confiável de informações para manter os dados ecológicos pertinentes, a começar por um registro dos impactos ou custos ambientais gerados pelas operações da empresa. E aqui enfrentamos um problema fundamental de todos os métodos de análise de dados ecológicos. A maioria dos impactos ecológicos não é passível de quantificação exata, visto que eles afetam a qualidade da vida — humana e não-humana — que é basicamente determinada por juízos de valor, embora seja útil recorrer a medições para avaliá-la.

A economia convencional, e a disciplina de administração de empresas em particular, é tradicionalmente apresentada como uma ciência livre de valores, não obstante os valores serem de importância capital em todas as ciências sociais (Capra 1982, 190). Em vez de tratar de valores, as empresas tradicionalmente tentam equiparar valores e preços — os preços são quantidades mensuráveis e podem ser tratados como algo "objetivo". No entanto, não são explicitados os critérios usados para atribuir preços aos valores, pois esta é, em essência, uma decisão política.

A ênfase nos preços, e não nos valores, perpetua a tensão entre a quantidade e a qualidade, entre a ecologia, presente em todos os métodos de análise de dados ecológicos (Pfriem 1986, 223). Isso fica bastante evidente nas várias técnicas de contabilidade ambiental que estão nas origens da auditoria ecológica, do modo como é definida abaixo. No sistema contábil desenvolvido pelo economista suíço Ruedi Müller-Wenck (1980) no final dos anos 70, os vários fatores de impacto ambiental — consumo de energia, consumo de recursos, contaminação da água, etc. — são quantificados e registrados. Os diferentes fatores são em seguida comparados entre si com a ajuda de "coeficientes de equivalência" baseados em escassez ecológica. Dessa forma, torna-se possível comparar diferentes empresas ou comparar os impactos ambientais de uma empresa em diferentes anos.

O problema fundamental, nesse caso, é como chegar à determinação dos coeficientes de equivalência que, ao mesmo tempo que conferem ao método uma aparência científico-matemática, mascaram uma decisão política subjacente (Pfriem 1986, 219 segs.). Ademais, o enfoque na escassez como critério único ignora outros impactos ecológicos, tais como extinção de espécies, e tende a privilegiar o *status quo* ecológico e não a necessidade de regeneração.

Métodos de auditoria ambiental

A metodologia da auditoria ambiental está bem desenvolvida e foi meticulosamente descrita em vários livros de texto (ver Apêndice A).

Em geral, as empresas possuem licenças por escrito especificando quantidades máximas de descarga, e os auditores (que usualmente trabalham em equipes de várias pessoas e passam vários dias numa determinada fábrica) começam seu trabalho reunindo e verificando essas licenças. Como as empresas grandes mantêm o registro das descargas e de outros efeitos ambientais de suas operações, os auditores cotejam uma amostra desses registros com os níveis permitidos. Também inspecionam pessoalmente as fábricas e investigam procedimentos de registro e relatório para averiguar se as informações ali fornecidas são confiáveis. Em alguns casos, existe a possibilidade de os auditores efetuarem testes independentes de laboratório, por exemplo, de emissões.

Na inspeção de fábricas, os auditores, graças ao treinamento por que passam, fazem uma observação atenta de muitas instalações-chave: tanques de combustível e produtos químicos e reservatórios adjacentes, chaminés, sistemas de escoamento, sistemas de recuperação, instalações para estocagem, sistemas de alarme, práticas de transporte, e assim por diante. São utilizados protocolos ou listas de verificação detalhadas, previamente adaptadas aos prováveis problemas de uma determinada fábrica, com o intuito de assegurar a cobertura completa de possíveis áreas problemáticas. São usadas técnicas de questionários e entrevistas diretas para coletar informações. Os procedimentos de testes de laboratório são conferidos. Manuais de operação, registros, relatórios para órgãos externos e outros documentos administrativos são minuciosamente examinados; fazem-se tentativas no sentido de averiguar se os procedimentos são seguidos pelos funcionários — o que muitas vezes é difícil.

Às vezes, são elaborados fluxogramas dos processos da fábrica, que facilitam a tarefa de avaliar se o controle exercido pela administração é adequado. Como existe certo grau de sobreposição entre as regulamentações que tratam da segurança dos funcionários e as que tratam do ambiente (por exemplo, com relação a substâncias perigosas usadas nos processos de produção), os auditores também se ocupam da segurança, o que inclui equipamento de segurança dos operários e planos de emergência. Barulho, poeira e odores, que podem afetar tanto os funcionários como os vizinhos da fábrica, também são minuciosamente examinados.

No decorrer da auditoria, são transmitidos à administração relatórios provisórios, para comentários e discussão. Eles constituem a base do relatório final, apresentado na conclusão da auditoria, que fornece uma avaliação da observância da empresa às regulamentações pertinentes, e também indica áreas problemáticas que exigem atenção.

Métodos de auditoria ecológica

Analisamos abaixo uma série de métodos de coleta e análise de dados ecológicos. (Esses métodos constam com maiores detalhes na tese de doutorado de F. Senn, "Administração ecológica de empresas", citado em Steger 1988.) Alguns desses métodos são usados na prática geral de negócios em outros contextos, e existem há muito tempo; alguns datam da auditoria social das décadas de 60 e 70;

outros foram adaptados da auditoria ambiental; e outros ainda foram criados, principalmente na Alemanha e na Suíça, durante o final da década de 70 e na década de 80. Como explicaremos em capítulos posteriores, a auditoria ecológica é mas abrangente do que a auditoria de cumprimento ou ambiental, e seu repertório de metodologias é mais amplo.

Na Alemanha e na Suíça, a auditoria de muitas empresas foi muito além das regulamentações governamentais, transformando-se num exame da "compatibilidade ecológica" das operações de uma empresa. A tarefa não se limita a confirmar o cumprimento de normas estabelecidas, mas consiste também em minimizar o impacto ambiental. Inclui-se aí a proteção dos funcionários e da comunidade, o oferecimento de um local de trabalho ecologicamente saudável, e a fabricação de bens "eco-favoráveis". Preocupações mais abrangentes desse tipo só agora começam a fazer parte das cogitações dos auditores ambientais americanos, embora sejam freqüentemente tratadas pelas empresas, sob outros prismas.

O êxito na utilização de procedimentos de eco-auditoria dependerá da medida em que eles capacitem o auditor a superar a tensão entre economia e ecologia, integrando abordagens qualitativas e quantitativas.

- ***Indicadores ambientais.*** Indicadores ambientais tais como a "demanda biológica de oxigênio" (DBO), identificam poluentes específicos definidos por regulamentações governamentais. Apesar de fornecer um padrão quantitativo, o método dos indicadores tende a ignorar os efeitos da sinergia, e envolve juízos de valor que são explicitados.
- ***Contabilidade ambiental.*** São selecionados e quantificados alguns tipos de insumos e produtos (por ex. uso de matérias-primas, efluentes, calor perdido), a fim de demonstrar que o "custo verdadeiro", que inclui impactos ambientes, excede nitidamente o preço de mercado. Portanto, mesmo alternativas caras que são *menos* ecologicamente danosas podem ser economicamente justificadas para a economia como um todo. O emprego de "coeficientes de equivalência" torna possível analisar, compa-

rar e avaliar insumos e produtos — um método que, embora falho, introduz a ética ecológica na análise econômica tradicional.

- ***Avaliação do impacto ambiental.*** Baseada originalmente na Lei Nacional de Política Ambiental dos EUA (1969), a avaliação de impacto representa uma verificação institucional do cumprimento das regulamentações ambientais. Os Estudos de Impacto Ambiental e os Relatórios de Impacto Ambiental usam medidas quantitativas (tais como o aumento de tráfego e poluição atmosférica) e qualitativas (tais como impacto nos *habitats* de espécies raras ou ameaçadas). Procedimentos semelhantes foram adotados por outras nações, entre as quais a Alemanha.
- ***Cálculos de viabilidade econômica.*** Essa abordagem usa exclusivamente critérios econômicos com métodos tomados de empréstimo à contabilidade (por exemplo, amortização e depreciação do capital). Contudo, não leva em conta se os investimentos ou os processos de produção são ecologicamente importantes ou bem-sucedidos, e não logra eliminar a tensão entre economia e ecologia.
- ***Avaliações tecnológicas.*** Da mesma forma que a avaliação de impacto ambiental, esse método foi desenvolvido para os processos decisórios dos órgãos governamentais. Lida especificamente com as conseqüências sociais e políticas previstas de novas tecnologias, mas pode abranger igualmente considerações ecológicas.
- ***Auditoria de energia e materiais.*** Esse método, freqüentemente incorporado em aplicações práticas, pode ser particularmente proveitoso para a análise dos "microprocessos" de uma empresa que são prejudiciais ao meio ambiente, mas também pode servir como matriz permanente de fluxo de materiais. Uma característica especial dessas medições físicas é que elas podem ser usadas como critério para estipular os limites aceitáveis de poluentes para fins de proteção ambiental.
- ***Pesquisa de mercado.*** Significa coletar informações, por meio de questionários e experimentos controlados, sobre a demanda

de produtos ecologicamente favoráveis, quanto os consumidores estão dispostos a pagar por eles, e o grau de consciência ambiental da população em termos gerais ou sobre questões específicas.

- ***Análise custo-benefício.*** Esse método avalia os resultados, para os investidores e outras pessoas (funcionários, por exemplo) diretamente afetadas por uma atividade. Embora tente fornecer cálculos precisos de todos os efeitos, persiste a dificuldade de determinar uma equivalência monetária de acordo com os diferentes resultados percebidos.
- ***Balanço patrimonial social.*** O conceito tradicional do "balanço patrimonial" como descrição de uma empresa em termos de ativos e passivos financeiros é ampliado de modo a incluir custos e benefícios sociais e ecológicos relevantes.
- ***Bancos de dados ambientais.*** Os bancos de dados são, na verdade, fontes de informação e não instrumentos de análise, porém sua inclusão aqui se justifica devido à crescente importância da recuperação de dados no planejamento da auditoria. Atualmente, vários bancos de dados são usados na Alemanha para facilitar e aperfeiçoar o processo de planejamento ecológico. Os bancos de dados fornecem informações sobre condições ambientais, normas ecológicas, valores de limiar de poluentes e referências bibliográficas. Os seguintes bancos de dados são amplamente usados:
    - UMPLIS (sistema de documentos e informações gerais)
    - AWIDAT (informações sobre manejo de lixo)
    - DABAWAS (dados sobre poluentes de água)
- ***Listas de verificação.*** As listas de verificação transformaram-se numa ferramenta fundamental tanto da eco-auditoria como da auditoria mais limitada de cumprimento. Muitas vezes, as listas são compiladas numa base casuísta e carecem de rigor lógico. A tarefa central consiste em compilar uma listagem sistemática das complexas relações ecológicas envolvidas na produção e no consumo. São recursos de apoio de conceituação que podem facilitar o processo decisório,

pela classificação e comparação de fatores. (Ver nos capítulos 7-10 nosso resumo de listas de verificação.)

- ***Método de hierarquia das decisões.*** De utilidade em processos decisórios em que existem metas ecológicas conflitantes, esse método envolve a ordenação de metas numa hierarquia e sua subseqüente classificação em metas secundárias, de acordo com a contribuição de cada uma para atingir os objetivos mais elevados.
- ***Dinâmica de sistemas.*** A simulação complexa de processos sistêmicos é possibilitada pela análise por computador. É um método caro, criado por L. Forrester para simular processos de crescimento econômico e ecológico, e tem sido aplicado a certos modelos globais.
- ***Construção de cenários.*** Essa técnica é útil para fomentar a participação ampla no planejamento ecológico de uma companhia. Na versão "Laboratório do futuro" das técnicas desenvolvidas na Alemanha por Robert Jungk e Rüdiger Lutz (Lutz 1981), grupos de debate criam possíveis cenários alternativos para o futuro:
  - Cenário do *status quo*
  - Um cenário alternativo positivo
  - Um cenário contrário realista
  - Um cenário estratégico como síntese dos três anteriores

Enquanto as técnicas como as análises custo-benefício exigem conhecimento especializado e enfoque em problemas especializados, os cenários são oportunidades de inter-relacionar muitos fatores da empresa do modo como são percebidos ou imaginados por uma amostra ampla de pessoas. Dessa forma, eles servem para mostrar as relações entre os interesses de pessoas ou departamentos e o futuro da empresa como um todo. Como os cenários estabelecem paradigmas básicos alternativos, eles também tendem a instigar o pensamento criativo e inovador.

É nossa esperança que a abordagem ativa e criativa à auditoria ampla e abrangente ("auditoria ecológica", conforme definimos em capítulos posteriores deste trabalho) se propague corajosamente pelo mundo todo. Em vista do forte incentivo da Agência norte-americana de proteção ambiental, da continuada preocupação com eficiência de energia, da crescente demanda de produtos "eco-favoráveis" e da influência mundial dos padrões europeus de produtos com eco-rótulos, uma mudança de percepção, semelhante à que surgiu na comunidade empresarial alemã na década de 1980, provavelmente logo se fará sentir na comunidade empresarial americana.

Com efeito, já existem empresários, nos Estados Unidos e na Inglaterra, que adotaram em suas empresas o estilo da administração com consciência ecológica, e que agora estão experimentando abordagens criativas à auditoria ecológica. No próximo capítulo, apresentamos os perfis de algumas dessas empresas, na Europa e nos Estados Unidos.

3

Práticas e programas inovadores de gerenciamento ecológico no mundo todo

É fácil dizer às pessoas como ser favorável ao meio ambiente. É fácil prometer o que você pretende fazer no futuro. Mas, no meu entender, o número de verdes diminui quando falamos de verdadeiros ambientalistas em tempo integral, daqueles que agem de acordo com o que pregam; quando deixamos de fora os faladores e levamos em conta o que as pessoas realizaram, e não o que pretendem fazer.

— Ruger Friberg, Volvo

Para muitas empresas e setores, fazer negócios ecologicamente sustentáveis parece um sonho irrealizável. Para os ambientalistas, assegurar empregos, manter a viabilidade econômica e ao mesmo tempo fazer uma mudança maciça na empresa pode parecer um desafio banal. Esse capítulo destaca inovações dignas de nota, implementadas tanto por empresas "pioneiras" como "tradicionais", práticas congruentes com o gerenciamento ecológico ou com os princípios de administração sistêmica. (Os perfis de algumas das empresas usadas como exemplos podem ser encontrados em Steger 1988.)

Boas práticas

Empresas pequenas de capital fechado conseguem transformar suas práticas com notável agilidade. A Smith & Hawken, uma empresa da Califórnia que comercializa suprimentos para jardinagem, utensílios domésticos e vestuário, por reembolso postal, é uma das companhias que executaram uma eco-auditoria de longo alcance, de acordo com as linhas sugeridas por nós. A Smith & Hawken sempre considerou a preocupação com o ambiente como um aspecto importante de sua filosofia, mas em dezembro de 1988 empreendeu uma auditoria mais formal (embora a princípio não sistemática). Vários meses mais tarde, um dos resultados da auditoria foi uma declaração de política ambiental para 1990, enviada a todos os clientes ("Ação ambiental" 1990).

As ações desencadeadas pela auditoria incluíam ampla reciclagem e reutilização de materiais, proibição do uso de polistireno na empresa toda, eliminação de tóxicos e plásticos sempre que possível, numerosas medidas para poupar energia e água, e apoio ao ciclismo como meio de transporte entre a residência e o local de trabalho. Além disso, a Smith & Hawken organizou estudos em profundidade sobre a história e a administração florestal da teca, para assegurar que seus móveis de teca (de plantações javanesas) eram ambientalmente corretos. A empresa também fez doações em dinheiro para grupos defensores das florestas tropicais e ofereceu-se como campo de provas para o desenvolvimento de programas de certificação para a teca.

Uma das mais notáveis ações da Smith & Hawken, no âmbito dessa eco-auditoria, foi questionar a sustentabilidade ecológica do setor ao qual a empresa pertence: as vendas por reembolso postal. (No Capítulo 4, fazemos sugestões de avaliações nesses mesmos moldes.) Numa declaração de quatro páginas, "O lixo termina aqui", Paul Hawken, um dos fundadores da empresa, pôs a descoberto o exagero e o desperdício das práticas do setor de venda por catálogos e reembolso postal (incluindo muitas organizações ambientalistas!) e expôs uma série de diretrizes adotadas pela empresa para contrabalançar o desastroso impacto ambiental dessa tendência. São elas:

- Impressão de catálogos em papel reciclado e reciclável
- "Programa de floresta-santuário", que determina o plantio de duas ou três árvores em hábitats degradados para cada árvore usada pela empresa
- Uso de tintas à base de soja
- Publicação do catálogo em sub-seções separadas, adaptadas às necessidades dos clientes, a fim de evitar o envio de informações não solicitadas a todos os clientes
- Maior responsabilidade na política relativa ao aluguel de listagens de malas diretas
- Não introdução de mudanças no catálogo por períodos prolongados para evitar o "reenvio" sazonal
- Serviço especial para ajudar os clientes a reduzir a correspondência inútil que recebem.

A Minnesota Mining and Manufacturing (3M) orgulha-se de ter um dos mais antigos programas de prevenção de lixo nos Estados Unidos. Baseado na premissa de que existe uma ligação entre a proteção do meio ambiente e a solidez financeira, o Programa 3P (Pollution Prevention Pays — prevenir a poluição dá lucro) da 3M, compreendendo mais de 2.500 mudanças de processos, levou a uma economia de mais de US$ 500 milhões além de outros US$ 650 milhões resultantes da economia de energia (Leighton 1992). A empresa não retém os créditos a que tem direito por seus esforços de controle de emissões na atmosfera, preferindo repassá-los aos órgãos ambientais encarregados de tomar iniciativas para a melhoria da qualidade do ar. A 3M tem elevado sistematicamente suas metas ambientais, além de ter feito da ecologia parte integrante de todas as estratégias e operações da empresa. Ela descobriu formas de implementar sistemas de circuito fechado, nos quais os resíduos são reutilizados como matéria-prima, como a sucata da linha de produção usada atualmente para fabricar miniantenas, e flutuadores utilizados para conter e absorver vazamentos de óleo no mar (Smart 1992).

Hanna Andersson, empresa fabricante de roupas para crianças, concede créditos em compras futuras aos clientes que devolvem roupas Hanna que já ficaram pequenas para seus donos, chamadas "Hannadowns". Dezenas de milhares de "Hannadowns" foram doadas a mulheres e crianças vítimas de maus-tratos. Do ponto de vista do *marketing*, essa programa demonstra a durabilidade do produto, ao mesmo tempo que ajuda pessoas carentes e reforça as vendas e a lealdade de clientes e funcionários.

Por volta de meados da década de 1980, um grande número de empresas européias começou a adotar práticas ecológicas simples, como programas de reciclagem, medidas de economia de energia, reutilização de recipientes, e assim por diante. Algumas delas foram muito além e começaram a caminhar em direção a uma administração de orientação ecológica mais abrangente. Uma companhia alemã de produtos químicos (SKW Trostberg), por exemplo, além de reformular os processos de produção para torná-los menos danosos à ecologia instituiu também programas de informação e motivação dos empregados, e deu apoio financeiro a organizações ambientais e a vários estudos sobre impacto ambiental. Uma das mais importantes empresas de vendas por reembolso postal (Otto Versand) fez uma auditoria dos produtos que oferecia e eliminou de seu catálogo os que eram particularmente prejudiciais, incluindo mercadorias fabricadas com madeira de florestas tropicais e as que envolvem a matança de espécies ameaçadas (o perfil da Otto Versand foi apresentado em *Der Spiegel* nº 16, abril 1989).

Uma companhia de cométicos de Hamburgo (Elida Gibbs) empenha-se em elaborar seus "Relatórios verdes" com transparência exemplar, mantém contatos com os principais ativistas do ambientalismo e conta com uma "eco-equipe" formada por representantes de todos os departamentos da empresa. Um fabricante de suprimentos industriais (Friedrich Niemann) publica um "Catálogo verde" de eco-tecnologias.

Um supermercado suíço (Coop Schweiz) desenvolveu seu próprio sistema de eco-rotulação. Uma cervejaria (Neumarkter Lammsbräu) introduziu pioneiramente uma "filosofia de administração holística", que inclui agricultura orgânica, processos ecologicamente corretos de embalagem e fabricação de cerveja, e utilização de energia solar.

A maioria dessas empresas modelares conduzem auditorias ecológicas parciais, e umas poucas chegaram até a desenvolver sistemas abrangentes de auditoria. Entre estas está a Winter & Sons, fabricante de ferramentas de corte de diamante, estabelecida em Hamburgo, que desenvolveu o modelo Winter mencionado acima. Outra formadora de tendências é a Bischof & Klein, uma das maiores empresas de embalagens da Europa, que projetou uma abrangente "ecomatriz" para nortear suas políticas empresariais (ver Streger 1988, 263). Foi, além disso, a primeira indústria da Alemanha a iniciar uma auditoria ecológica sistemática, compreendendo três níveis: uma auditoria da empresa, auditorias de produtos e auditorias de processos. O sistema teve tanto sucesso que a Bischof & Klein pretende agora oferecê-lo a outras companhias.

Na Inglaterra, The Body Shop, uma empresa de cosméticos fundada por Anita e Gordon Roddick, usa práticas ecológicas com um nível comparável de profundidade e pioneirismo ("Administração ambiental" 1990). A cultura e as atividades da companhia baseiam-se na visão que seus fundadores têm de uma empresa bem-sucedida que promove as questões sociais e ambientais e as introduz no seu dia-a-dia. Desde a abertura de seu primeiro ponto de vendas em 1976, The Body Shop evoluiu para uma rede internacional de mais de 450 lojas em 37 países, moldadas por um conjunto de princípios ecológicos comuns:

- Vender cosméticos com o mínimo de alarde e embalagem
- Promover a saúde e não o *glamour*
- Usar ingredientes naturais sempre que possível
- Não testar ingredientes ou produtos acabados em animais
- Proporcionar serviço de refil em todas as lojas
- Reciclar lixo e usar papel reciclado sempre que possível

A empresa compra matérias-primas do mundo todo e tem uma política de acordos comerciais não-exploradores e sustentáveis com comunidades de países em desvantagem econômica. Uma das características marcantes da The Body Shop é o uso que ela faz de vitrines, sacolas e outros itens selecionados como veículos de campanhas radicais e extremamente não-convencionais sobre um amplo espectro de temas relativos ao ambiente e aos direitos humanos.

Desde o começo, a direção da The Body Shop tem revelado um compromisso bem definido no sentido de assegurar a excelência em qualidade ambiental e social. A preocupação com o meio ambiente é parte integrante de todos os aspectos de suas operações. A recente expansão da empresa trouxe à tona a necessidade de formalizar a abordagem da administração com consciência ecológica. A companhia decidiu efetuar uma auditoria completa, com o objetivo de elaborar uma declaração formal de política ambiental.

Muitas das técnicas recomendadas neste livro são praticadas por The Body Shop. Entre elas, estão comunicação multimídia eficaz, tanto interna como externamente; relações de apoio recíproco com organizações populares; programas de treinamento de pessoal com forte ênfase ambiental; e um amplo programa de administração de resíduos. Até o momento, a auditoria na The Body Shop cobriu apenas os escritórios e depósitos da sede da empresa. Nessa primeira etapa, a auditoria não se estendeu às lojas e subsidiárias, por acreditar-se que a metodologia de auditorias completas ainda está pouco desenvolvida. No entanto, medidas mais avançadas estão previstas para o futuro.

A Volvo, sediada na Suécia, fez da associação entre ambiente e seus selos de segurança e qualidade o núcleo de sua estratégia empresarial. A Volvo criou uma nova contabilidade interna para investimentos em tecnologia ambiental porque, apesar dos altos custos, a alta administração confia que essa medida deva aumentar as vendas e a lealdade dos consumidores. A Volvo está desenvolvendo uma ação conjunta com seus fornecedores para reprojetar a taxonomia de suas peças e materiais, com o intuito de facilitar o desmonte, o uso de materiais reciclados e a eliminação de materiais ecologicamente incorretos. A análise do ciclo de vida na Volvo é dividida em uso de matérias-primas, produção, uso final (propriedade do carro) e reciclagem/descarte. Estão em andamento estudos sobre computadores de direção para veículos, para diminuir o número de conversões erradas, evitar ruas obstruídas e problemas de estacionamento; estudos sobre carros híbridos elétricos/a combustão, e sobre o projeto de materiais novos, leves, fortes e recicláveis. Para o futuro, a empresa planeja fixar metas em conjunto com fornecedores, governos e outros fabricantes de carros.

A BMW of North America está fazendo estudos de viabilidade para estabelecer uma rede de centros autorizados BMW de reciclagem nos Estados Unidos, que sirva de base de sustentação a seus projetos de engenharia de reciclagem. As três grandes — General Motors, Ford e Chrysler — estão estudando uma parceria para a reciclagem de veículos. A criação de novas empresas para suprir essas necessidades está sob a coordenação da Automotive Dismantlers and Recyclers Association (Associação automotiva de desmonte e reciclagem), que se orgulha de seus mais de 2.200 membros espalhados pelo mundo (*Business and the Environment* 1992, 4).

A Bad Brückenauer Mineralbrunnen, uma empresa alemã de água mineral, levou a efeito uma eco-auditoria completa de todas as suas instalações, criando suas próprias medidas e instrumentos, pois não havia precedentes nesse setor. Agora, outras cidades e comunidades produtoras de água mineral (como Bad Pyrmont) adaptaram essa abordagem inovadora.

A Royal Dutch/Shell foi uma das pioneiras na adaptação da técnica dos cenários para o planejamento de negócios. A cada dois ou três anos, a Shell atualiza seus cenários globais. Esses cenários, ou "histórias", são em seguida tomados como base para decisões internas de negócios.

Toda indústria ou empresa deveria criar de dois a três cenários para sondar o contexto mais amplo de desenvolvimento. Esses cenários ajudam a dar praticidade aos planos de transformação ecológica. A Shell, por exemplo, criou um cenário de "mundo sustentável" (ver Figura 2 abaixo) simplesmente extrapolando seu próprio futuro no contexto econômico e ecológico mundial, e chegou à surpreendente conclusão de que, a despeito dos enormes desafios, ela deverá transformar-se, de produtora de petróleo, em empresa ecologicamente sustentável. O tempo dirá se essa percepção se materializará na transformação das práticas empresariais da Shell, e quando. Uma grande mudança num gigante de um setor estratégico como o petróleo poderia causar um impacto dramático sobre a terra, a saúde, a vida cotidiana e a velocidade da mudança para a sustentatibilidade em outras empresas.

Fig. 2. Exemplo de cenário de uma empresa

	Mercantilismo Global	**Mundo Sustentável**
Desafio	Declínio da hegemonia e instabilidade econômica	Degradação do ambiente (principalmente devido ao aquecimento global)
Resposta	Mundo multipolarizado e mercantilismo	Cooperação e administração internacionais
Implicações para a Energia	Novas regras para a empresa e reconfiguração de mercados	Novos valores para os combustíveis e reformulação do setor de energia

Fonte: A. Kahane, *Global Scenarios for the Energy Industry: Challenge and Response* (Cenários globais para a indústria da energia: desafio e resposta), Shell International Petroleum Company, Ltd., Inglaterra, 1991, pág. 9.

A Promostyle e a Trend Union, duas "consultoras de tendências" do setor da moda, atribuem importância capital às preocupações ambientais. Um recente livro da Promostyle dirigido ao comércio, tendo por tema o "eco-estilo", sustenta que o ambientalismo vai mudar radicalmente a nossa estética. Em conferências promovidas pela Promostyle em Nova York, Tóquio e Paris, reunindo associações comerciais, fabricantes e varejistas, os debatedores, pertencentes a empresas como Patagonia, Nike e Esprit, discutiram a cultura da empresa ecológica, a necessidade de ser mantida uma fatia do mercado para as roupas ecológicas, inovações em desenho e produção, e a mudança das relações entre a terra e o varejista, o cliente e o varejista, os fabricantes e os desenhistas.

A Nike está utilizando borracha reciclada pós-industrial nas solas de calçados (prática que está sendo usada em várias indústrias, incluindo a de computadores e automóveis). A Nike também está examinando o fim da vida do calçado. Seria necessário que todas as partes (superior, enchimento do meio da sola e sola) fossem separáveis, para permitir a reciclagem. Se fossem usados os mesmos materiais sintéticos sob diferentes formas (espuma, sola, tecido) o calçado todo poderia ser facilmente reciclável. A etapa seguinte é a análise completa do ciclo de vida, com a finalidade de encontrar substitutos para os produtos sintéticos tóxicos.

A Levi, que já transformou em rotina a reciclagem de sobras de tecido para confeccionar etiquetas, juntou-se a Esprit, O-Wear, Seventh Generation e Patagonia na produção em massa de roupas de algodão cultivado organicamente.

A **eco**leção da Esprit está vários passos à frente. Esta confecção tem estado sistematicamente na vanguarda das inovações, numa autêntica fusão de preocupações sociais, ambientais e de sustentabilidade. Essa linha utiliza algodão, malha e lã orgânicos. As roupas são enfeitadas com botões de noz de tágua adquiridos de cooperativas de povos indígenas de florestas tropicais, e botões de madeira pintados a mão por cooperativas de mulheres apalaches. A **eco**leção foi criada obedecendo a rigorosos padrões no tocante a direitos humanos, proteção dos trabalhadores e critérios ambientais de produção. O estilo é clássico, sem modismos, para desestimular o consumismo. São usados corantes naturais e de baixo impacto, bem como algodão orgânico, já cultivado em cores. A Esprit International, sediada na Alemanha, está padronizando essas inovações em linhas normais selecionadas através do programa Planeta Azul.

A Ecodesk da Esprit é responsável por um amplo leque de programas, que vão de doações a instituições de caridade ao pagamento do almoço no restaurante orgânico da empresa e o oferecimento de clubes de saúde completos nas dependências da empresa, com aulas de aeróbica e ioga. Os empregados são reembolsados por várias horas de trabalho voluntário que prestam em organizações locais sem fins lucrativos, e têm direito a um dia adicional de férias por cada trinta dias que vão ao trabalho usando transporte coletivo ou bicicleta. A Esprit paga parte do preço de ingressos para eventos culturais e convida famosos ambientalistas, feministas e ativistas sociais para fazerem palestras. A empresa também oferece a seu pessoal cursos sobre temas sociais e ambientais.

As estratégias "do berço ao túmulo", que levam em conta todo o ciclo de produção, das matérias-primas ao despejo responsável do lixo, estão sendo substituídas por soluções "berço a berço", que transformam o lixo num novo produto. O processo CCBA (Coordinate Chemical Bonding Adsorption — adsorção aglutinante química coordenada) da 3M trata borra industrial perigosa e não perigosa, compactando-a em peletas usadas como elementos isolantes no concreto e em telhas. O processo não polui a atmosfera nem gera refugos. A criação de produtos usando os resíduos das operações atuais da empresa pode "fechar o circuito" das emissões de lixo. Além do impacto ecológico positivo, a redução dos custos de tratamento e despejo de lixo pode, combinada com a venda dos novos produtos, tornar a empresa mais rentável.

Várias indústrias químicas, que granjearam má reputação devido a agressões ao ambiente e à saúde, mudaram a imagem que tinham de si mesmas — de produtores de mercadorias de baixo preço, passaram a se ver como fabricantes voltados para as necessidades do cliente. O resultado, em muitos casos, foi uma ligação entre a melhoria ambiental e a negociabilidade, no esforço de melhor atender o cliente. A Union Carbide desenvolveu um trabalho com compradores de tintas para fabricar uma tinta sem solventes. A S.C. Johnson, ao passar a usar substâncias não-tóxicas no seu inseticida Raid, transformou uma atividade de venda de mercadorias baseada no preço em um segmento especializado de valor adicionado (Butcher e Feld 1992).

Apesar dos progressos mais evidentes da United Technologies na esfera ambiental a partir do final da década de 1970, os reguladores da Agência de Proteção Ambiental entenderam que não havia muita uniformidade entre as fábricas e tampouco havia um processo para assegurar o cumprimento constante das leis, determinado por um sério compromisso da alta direção. Nos anos 80, a empresa deu um importante passo para a transformação ecológica, indo além das regulamentações contidas nas 35.000 páginas das leis ambientais federais.

O principal executivo da United Technologies, Robert F. Daniell, deu ênfase às questões ambientais em cinco áreas primordiais: treinamento, avaliação e auditoria, desenvolvimento de uma base eletrônica de dados ambientais, minimização dos resíduos, e pró-atividade em relação a leis e regulamentações.

Além de fortalecer o papel da equipe ambiental da empresa nas unidades operacionais, a United Technologies elevou seus padrões ambientais, e desenvolveu e difundiu uma nova política empresarial sobre proteção de recursos naturais e humanos. As questões ambientais começaram a ser tratadas como fatores essenciais ao negócio. O marco dessa mudança foi a instituição, em 1990, de um cargo de vice-presidente sênior responsável pelas práticas ambientais e de negócios, com acesso direto ao executivo principal, e de cargos executivos semelhantes em cada unidade operacional, com acesso direto ao vice-presidente ambiental sênior e aos presidentes das respectivas unidades. Essa estrutura foi baseada em um levantamento das práticas de empresas congêneres com um passado de liderança ambiental significativa.

Várias empresas estão fixando padrões mais rigorosos para seus fornecedores. A Levi Strauss & Co. e a Reebok estão entre as companhias que se recusam a fazer negócios com fabricantes que empregam trabalho infantil, trabalho de prisioneiros ou trabalho forçado, proporcionam condições de trabalho inseguras e insalubres, aplicam castigos corporais, ou operam em nações onde as violações dos direitos humanos são generalizadas. A **eco**leção e a Ecodesk da Esprit adotam uma postura mais pró-ativa: elas exigem desempenho pronunciadamente ecológico e disposição em reduzir embalagens e usar materiais reciclados. A **eco**leção, por exemplo, está incitando a cooperativa que é sua fornecedora em Gana a plantar árvores para substituir a madeira usada para queimar os botões de vidro, sem o que a Esprit não aumentará seus pedidos. A Apple Computer e a Hewlett-Packard estão entre as empresas de computação que tornaram fácil para os clientes reciclar os cartuchos de tôner para as impressoras a *laser*, sem gastar nada.

A Xerox Corporation começou a associar as iniciativas de melhoria ambiental com questões de segurança e saúde em 1980; porém, o desastre de Bhopal em 1984 levou a empresa a associar a melhoria ambiental à qualidade como um todo. As medidas preventivas revelaram-se caras — mais de US$ 50 milhões gastos em reparação ambiental pró-ativa superaram em muito o custo do simples cumprimento — mas o compromisso da alta direção reduziu futuros riscos de responsabilização e, em muitos casos, também os custos operacionais. O compromisso da administração foi mantido apesar de acirrada concorrência da IBM, da Kodak e dos japoneses.

Um exemplo: A Xerox identificou problemas na estocagem de cloro. Depois de diminuir a quantidade de cloro estocado num local perto de um sanatório, o produto foi transferido para um local totalmente diferente, até ser eliminado do processo de industrialização. Foi feito um levantamento das instalações no mundo todo que usavam solventes industriais, com a finalidade de identificar a possível contaminação de lençóis freáticos ou do solo. Nos casos em que foram encontrados sedimentos, os órgãos governamentais foram notificados e colaboraram com a empresa no desenvolvimento e implementação dessa ação reparadora voluntária. Os perigosos tambores foto-receptores revestidos de ligas de selênio e arsênico não são mais jogados fora: os tambores velhos são reciclados e usados na fabricação de novos tambores, a uma fração do custo. A Xerox recolhe cerca de um milhão de peças acabadas no mundo todo e poupa quase US$ 200 milhões.

A Xerox está pesquisando tecnologias do tipo "berço a berço", formas de reutilizar resíduos de operações fabris como matéria-prima de outros produtos. Está em estudos o aproveitamento de resíduos de tôner em pigmentação plástica, aditivos de asfalto, utensílios de plástico e gaxetas. A eliminação do CFC é uma das grandes metas. Detergentes biodegradáveis substituíram mais de 90% dos solventes químicos tóxicos na maioria das instalações. Além do impacto ambiental positivo, foram evitadas despesas de US$ 400.000 com despejo de resíduos perigosos. Ademais, a empresa comprometeu-se a continuar buscando melhorias depois que forem atingidas as metas atuais.

O envolvimento dos funcionários da Xerox com as iniciativas de melhoria de qualidade levou ao compromisso com as preocupações ambientais do cliente. Também contribuiu para esse compromisso a consciência de uma iminente legislação ambiental global. Hoje, as embalagens da Xerox são feitas com o lixo reciclado pós-consumidor, representando uma economia de cerca de US$ 2 milhões por ano. As embalagens foram também drasticamente reduzidas.

"Agir corretamente" é, em nossos dias, o melhor caminho para a rentabilidade a longo prazo, de acordo com Paul Allaire, principal executivo da Xerox. Um Comitê Diretor de Liderança Ambiental, composto por altos executivos, determina os rumos dos programas ambientais e presta contas trimestralmente sobre os resultados obtidos. A empresa incentiva a tomada de iniciativas por todas as pessoas comprometidas, da organização toda, que podem também entrar para a rede ambiental interna.

A pressão dos consumidores pela intensificação das práticas empresariais ecológicas pode levar a importantes desdobramentos internacionais. Entre os maiores clientes de produtos agrícolas dos Estados Unidos no exterior estão as cooperativas japonesas de compra de alimentos. Um dos critérios fundamentais dessas compras é a pureza do alimento. A preocupação cada vez maior com o uso de pesticidas pode forçar os principais fornecedores agrícolas a adotar práticas de cultivo mais orgânicas (Leighton 1992).

Agentes de mudança

*Rede internacional para a administração ambiental (INEM)**

A partir de 1985, muitas empresas inovadoras de vários países juntaram-se em associações de administração ambiental. Várias dessas associações, por seu turno, constituíram a Rede Internacional para a Administração Ambiental (INEM) em 19 de fevereiro de 1991. O objetivo das atividades internacionais da INEM é fazer com que o

---

* Em inglês, *International Network of Environmental Management*.

maior número possível de empresas pratique a administração ambiental, tão breve quanto possível. Para atingir essa meta, a INEM tem elaborado recomendações para a indústria, o governo e agências administrativas de vários países.

Com o apoio da Conferência das Nações Unidas para o Ambiente e o Desenvolvimento (UNCED)*, a INEM organizou a Conferência Internacional da Indústria para o Desenvolvimento Sustentável, realizada de 2 a 5 de junho de 1992, com a participação das organizações nacionais membros da INEM e muitas das empresas membros dessas organizações. No total, as organizações filiadas à INEM representam mais de 600 companhias, e as associações filiadas, mais de 400 companhias.

Alguns membros da INEM (as associações da Alemanha e da África do Sul) e uma filiada (Suíça) idealizaram Códigos de Prática para questões ambientais. A INEM apóia também a "Carta das empresas para o desenvolvimento sustentável — princípios da administração ambiental", adotado pela Câmara Internacional de Comércio em abril de 1991, e a "Carta do ambiente global", da Confederação Japonesa da Indústria (*Keidanren*). Esses são passos importantes, mas ainda há um longo caminho a percorrer. É sumamente desejável que a comunidade internacional de negócios dê mais apoio à INEM e use sistematicamente as oportunidades de ação cooperativa que ela proporciona.

Associações nacionais de empresas para a administração ambiental

Depois da constituição da B.A.U.M. (Associação alemã para a administração ambiental) em 1985, o sistema integrado de administração ambiental tornou-se cada vez mais bem conhecido na Alemanha, principalmente porque a imprensa fez uma cobertura detalhada de alguns projetos-piloto da indústria. Em pouco tempo, cresceu o interesse em outros países de língua alemã, a Áustria e a Suíça.

---

* Em inglês, *United Nations Conference on Environment and Development.*

No Ano Europeu do Ambiente (1987/1988), a questão da administração ambiental entrou na pauta da Comissão das Comunidades Européias, através de medidas como a instituição dos Prêmios europeus para o ambiente melhor, concedidos a indústrias, e da publicação do livro *Negócios e meio ambiente* (Winter et al. 1989) em vários idiomas. O tema foi abordado com freqüência cada vez maior em conferências internacionais. A partir de 1989, várias organizações nacionais para a administração ambiental foram constituídas a cada ano. Dessa época em diante, é razoável falar de um movimento internacional para a administração ambiental.

Esse movimento sofreu uma influência significativa do relatório da Comissão Mundial para o Ambiente e o Desenvolvimento (o "Relatório Brundtland"), que veio à luz em 1987 e introduziu publicamente o conceito do "desenvolvimento sustentável". A idéia básica do conceito é satisfazer as necessidades das gerações atuais sem colocar a risco a capacidade de as futuras gerações satisfazerem suas necessidades.

Associações nacionais de empresas para a administração ambiental foram formadas na Áustria, na Suíça, na África do Sul, na Suécia, no Reino Unido, na Dinamarca, no Brasil e em Israel, em estreita colaboração com a B.A.U.M da Alemanha e a INEM. Organizações comparáveis, independentes da B.A.U.M., foram formadas nos Estados Unidos, no Japão e em Hong Kong. A cooperação entre as associações nacionais para a administração ambiental está se tornando mais intensa e mais abrangente ano após ano.

Várias associações nacionais de empresas para a administração ambiental da Áustria, do Brasil, da Dinamarca, da Alemanha, da África do Sul, da Suécia e do Reino Unido estão vinculadas à Rede Internacional para a Administração Ambiental (INEM) desde 1991. (Outras associações nacionais estão atualmente intensificando a colaboração com a INEM e as associações a ela filiadas.)

As associações comerciais de setores criticados por terem cometido infrações freqüentes ou particularmente graves das regulamentações ambientais logo estabeleceram suas próprias normas ambientais e formaram comitês ambientais. Várias dessas organizações dos setores de petróleo, química, drogas e armamentos organizaram maciças campanhas de relações públicas para demonstrar sua preocupação com o ambiente, ao mesmo tempo que continuavam respondendo a processos por poluição. Para exemplificar, Stephan Schmidheiny, um dos principais participantes da Mesa-Redonda de Empresas sobre Desenvolvimento Sustentável, teve uma de suas mais importantes *holdings* intimada por repetidas infrações das normas de poluição. A resposta da empresa foi questionar agressivamente em juízo, em vez de limpar. Ironicamente, o fato veio à tona apenas alguns meses depois da Cúpula do Rio da UNCED e da edição do livro da Mesa-Redonda, *Mudança de Curso* (Schmidheiny 1992).

As seções a seguir apresentam algumas importantes associações nacionais para a administração ambiental. Deve-se observar também que estão sendo constantemente formados grupos regionais e locais às dezenas, nos Estados Unidos e em outros países grandes no mundo todo.

Associações nos Estados Unidos

As associações de classe e de setores estão incluindo as questões ecológicas em suas considerações, e muitas delas têm criado comissões especiais para o ambiente. Talvez um dos grupos profissionais cujo trabalho tenha tido mais destaque, e que vale a pena acompanhar, esteja no campo do desenho industrial. Os desenhistas industriais formam a linha de frente que determina a natureza de produtos e materiais, os hábitos e as preferências das décadas futuras. A ala ambiental dessa classe tem abordado o tema do desenho sustentável em conferências e explorado soluções de vanguarda de desenho ecológico.

Outras organizações proporcionam o apoio de redes a empresas que procuram introduzir autênticas melhorias. O Social Investment Forum (SIF — Fórum de Investimento Social), fundado em 1984, é uma associação nacional de classe que reúne consultores financeiros com responsabilidade social e ambiental. Entre seus fundadores estão o fundador da CERES, fundos mútuos com triagem social e ambiental, fundos de pensão, firmas de capital de risco, bancos, investidores, e fundos de empréstimo comunitário para financiar projetos habitacionais e empresariais com critérios sociais e ambientais, sob o controle da própria clientela, pessoas predominantemente de baixa renda.

A Social Venture Network (SVN — Rede de empreendimentos sociais), fundada em 1987, é uma sociedade composta basicamente por empresários, investidores e profissionais de investimento. Na visão de seus membros, os negócios não significam apenas um meio de obter sucesso financeiro, mas também uma força potencialmente poderosa para criar um mundo que seja mais

- Justo — onde o fosso entre as pessoas extremamente ricas e pobres seja diminuído, e sejam erradicados todos os tipos de preconceito
- Humano — onde terra, alimento, educação e abrigo estejam ao alcance de todos e onde a tortura e outras formas de violência sejam eliminadas
- Sustentável — onde os padrões humanos, incluindo a forma como bens e serviços são produzidos e consumidos, sejam alterados para assegurar a sobrevivência do planeta.

A SVN trata as questões de administração de empresas e impacto social abordando:

- A criação de produtos melhores, como melhoria de qualidade de habitação, manufatura sem poluição, assistência médica de cunho preventivo, produtos alimentícios nutritivos e aproveitamento da terra de modo ecologicamente correto
- O desenvolvimento de **processos** melhores de administração de empresas mediante a participação dos empregados na administração ou na propriedade, a criação de um ambiente de trabalho mais protetor e satisfatório para os empregados, e métodos de produção que conservem e renovem os recursos naturais limitados
- A exploração de usos inovadores de **lucro**, incluindo participação nos lucros e filantropia empresarial e pessoal condizente com o espírito empresarial
- A abordagem às **questões comunitárias** com base na compreensão de que as empresas afetam a saúde da comunidade e podem ajudar a tornar cidades e bairros mais cheios de vida.

Além de representar uma liderança dos interesses públicos compatível com o objetivo da SVN, os membros precisam ter participado da criação de uma empresa ou organização sem fins lucrativos com receita superior a US$5 milhões, ou ter ocupado altos cargos executivos em empresas com receita ou ativos superiores a US$250 milhões. Eventualmente, são feitas exceções para líderes empreendedores e visionários provenientes da área das organizações sem fins lucrativos, cujas idéias ou práticas inovadoras tenham tido forte influência sobre o mundo dos negócios.

A Businesses for Social Responsibility (BSR — Empresas de Responsabilidade Social) foi constituída para ser a porta-voz de líderes empresariais progressistas dos Estados Unidos, representando um contrapeso à Câmara Americana de Comércio. Fundada em 1992, conta em seus quadros com 55 empresas de âmbito nacional, entre as quais Reebok, Lotus, Aveda, Esprit, Calvert Group e Rhino Records. Os membros da BSR subscrevem o seguinte programa:

- Defender a integração, no planejamento empresarial e no processo decisório da política governamental, de considerações ambientais e sociais de longo prazo e a necessidade do lucro
- Empenhar-se em administrar as empresas de forma a resguardar a saúde e a segurança dos funcionários e enriquecer as comunidades onde a empresa opera
- Assumir o compromisso de fabricar e distribuir produtos e serviços de alta qualidade, que sejam seguros, e que sejam embalados, comercializados e vendidos de forma ética
- Promover a igualdade de oportunidades na forma de contratar e relacionar-se com os empregados, e estimular a geração de oportunidades de negócios seguras, de longo prazo e ao alcance de todos
- Fazer pressão por meio de políticas governamentais, na esfera de atuação da empresa, que promovam o desenvolvimento sustentável e a segurança global.

A Businesses for Social Responsibility conscientiza a população, proporciona apoio de rede e de educação à comunidade empresarial, e faz *lobby* em âmbito nacional e local em relação a todo o espectro de questões respeitantes aos negócios: mercado, local de trabalho, comunidade local, política interna e internacional. A Business Partnerships por Peace, uma organização com objetivos semelhantes e que era formada em parte pelas mesmas pessoas, foi absorvida pela BSR em janeiro de 1993.

A GEMI — Global Environmental Management Initiative (Iniciativa global de administração ambiental) foi fundada em março de 1990 por importantes empresas, com o objetivo de convencer os empresários no mundo todo a adotarem políticas de Excelência Ambiental. Visa promover a ética empresarial no mundo todo, com base na administração ambiental e no desenvolvimento sustentável. A GEMI também almeja promover iniciativas do mundo empresarial sobre soluções e liderança ambiental, e fomentar o diálogo entre o mundo dos negócios e o público interessado. A GEMI tem cinco metas principais:

- Promover o pensamento crítico e a troca de idéias sobre a administração ambiental
- Elevar o nível de desempenho ambiental de empresas do mundo todo, dando exemplos práticos e demonstrando a administração ambiental e o desenvolvimento sustentável
- Unir-se a forças da sociedade para criar um código global de ética de negócios voltado para a administração ambiental e o desenvolvimento sustentável
- Promover o diálogo entre os círculos empresariais e o público interessado
- Formar parcerias no mundo todo e promover iniciativas semelhantes em outros países.

A GEMI patrocinou uma convenção em janeiro de 1991 em Washington, D.C., sobre o tema "Qualidade empresarial/administração ambiental", e outra convenção em março de 1992. O objetivo era incentivar a aplicação dos princípios da Administração de qualidade total (TQM) à administração ambiental. O projeto Administração de qualidade total também foi tema de um seminário realizado pela GEMI na Conferência Mundial da Indústria sobre Administração Ambiental, em Roterdã, em 9 de abril de 1991.

Entre os membros da GEMI estão Allied Signal, AT&T, Boeing, Digital Equipment Corporation, Dow Chemical, Eastman Kodak, Du Pont, ICI America, Occidental Petroleum, Philip Morris, Procter & Gamble, Union Carbide e USX.

Existem vários programas de premiações para agraciar empresas pelo desempenho social e/ou ecológico. Assim como o Prêmio Malcolm Baldridge recompensa os campeões de desempenho da Administração de qualidade total, o Conselho de Prioridades Econômicas (mencionado acima) concede o Prêmio da consciência empresarial. O Prêmio Business Enterprise, de The Business Enterprise Trust, homenageia empresas que combinam sólido desempenho econômico com propósito moral criativo.

A National Wildlife Federation (NWF — Federação Nacional pela Vida Selvagem) instituiu em 1982 o Conselho de Conservação Empresarial, um fórum onde até 20 executivos, representando diferentes setores, participam de um debate franco e aberto com a NWF sobres questões que vêm à luz relativas a recursos naturais e ambientais capazes de afetar a política das empresas. Entre os seus membros estão Asea Brown Boveri, AT&T, Browning-Ferris, Ciba-Geigy, Duke Power, 3M, Procter & Gamble, Johnson & Johnson e Waste Management. O Conselho divulgou declarações de política sobre várias questões ambientais e criou um *curriculum* para introduzir os temas ambientais em faculdades de administração de empresas. Em sua mais recente reunião, foi abordado o tema da sustentabilidade. (Ver Figura 3).

Há vários outros exemplos de diálogo entre empresas e ambientalistas que resultaram em mudanças nas práticas de negócios. O Earth Island Institute foi fundamental para que a Safeway se tornasse a primeira cadeia de supermercados norte-americana a adotar políticas contra a aquisição de atum pescado por métodos que implicam a matança de golfinhos. A Fuji Photo teve consultoria da Audubon Society para substituir por papelão o plástico usado nas caixas de filme.

Muitas vezes, em encontros reservados entre um pequeno número de executivos principais de empresas, são analisadas transformações mais radicais do ponto de vista ecológico. Esses encontros, dos quais participam tanto empresas tradicionais como progressistas, são res-

Figura 3. Princípios de trabalho do comportamento sustentável

Para a segurança ecológica
Proteger os ecossistemas para minimizar sua degradação
Preservar os ecossistemas para manter os serviços críticos
Restaurar os ecossistemas para aumentar sua produtividade

Para a segurança dos recursos
Economizar os recursos para obter mais com menos
Conservar os recursos para ampliar e redistribuir opções
Substituir o uso de recursos por suprimentos renováveis e de menor impacto

Para a segurança socioeconômica
Dispersar a atividade econômica para ampliar oportunidades e benefícios
Humanizar a atividade econômica para promover a participação mais plena
Vitalizar a atividade econômica para melhor satisfazer as necessidades básicas

Conselho de Conservação das Empresas
Federação Nacional pela Vida Selvagem
Conferência Sinergia 92
Laguna Niguel, Califórnia

tritos aos líderes empresariais capazes de encarar a realidade sem disfarces, de não se deixar levar pela sua própria propaganda verde, de não negar a magnitude do problema nem a responsabilidade de sua empresa pelo problema. Elas partem de uma premissa que expressam com prosaica honestidade, como se vê nessa frase de um executivo da Volvo: "Nossos produtos geram poluição, ruído e lixo." Kris McDivitt, presidente da Patagonia, uma empresa conhecida pelo pioneirismo de suas práticas sociais e ecológicas inovadoras, afirmou: "Fico constrangido quando as pessoas falam sobre o quanto estamos fazendo. Não é nada comparado com o que é necessário fazer. A Patagonia está disposta a servir de caldo de cultura para o que quer que seja necessário para fazê-la dar uma volta de 180 graus em termos ecológicos. Ninguém sabe ainda realmente o que é a sustentabilidade."

Associações no Canadá

O governo canadense tem patrocinado juntas de consulta estaduais formadas por representantes da indústria, do governo e de grupos ambientalistas para nortear a política ambiental do governo. O Business Council on National Issues (BCNI — Conselho Empresarial para Assuntos Nacionais) do Canadá, uma coalização das maiores empresas canadenses, conta com uma força-tarefa ambiental que traça o perfil de empresas vanguardistas, e faz recomendações ambientais aos membros do BCNI.

A Loblaws, a maior cadeia de supermercados do Canadá, é uma das empresas que desenvolveram um trabalho em conjunto com ambientalistas para reavaliar suas práticas. Pollution Probe, um grupo ambientalista sediado em Toronto, incumbido de fazer uma análise ambiental, identificou produtos verdes que a Loblaws poderia desenvolver e vender. Os critérios foram a diminuição do número de matérias-primas usadas na manufatura, a eliminação de componentes tóxicos e a utilização de materiais reciclados em produtos e embalagens (Carsnon e Moulden 1991).

Associações na Europa

Alemanha

A B.A.U.M., Associação Alemã de Administração Ambiental (*Bundesdeuscher Arbeitskreis fur Umwelbvewusstes Management e.V.*), foi fundada em 1985, e conta atualmente com 380 membros. É a mais antiga e a maior organização desse gênero.

Os patrocinadores da B.A.U.M. são empresas de médio e grande porte da indústria, do comércio e da área de serviços, ao lado de associações de empresários, câmaras de comércio, autoridades públicas e pessoas físicas. Com um quadro representando virtualmente todos os setores da economia, ela opera por meio de um conselho honorário de administração e uma equipe de profissionais que trabalham em regime de dedicação integral.

Os objetivos da B.A.U.M. são intensificar o senso de responsabilidade ambiental das empresas, difundir o *know-how* sobre a forma de harmonizar preocupações ambientais e sucesso nos negócios, e introduzir a administração ambiental no maior número possível de empresas.

Áustria

Um grupo de empresários austríacos reuniu-se na primavera de 1989 para formar uma organização denominada *Bundesweiter Arbeitskreis fur Umwltbewusstes Management.* Desde então, a B.A.U.M. da Áustria tem patrocinado seminários e conferências sobre temas tais como "Orçamento ecológico", "O escritório verde", "Administração ambiental holística" e "Proteção ambiental na nova Europa".

Suíça

A associação suíça de administração ambiental (*Schweizerische Vereinigung fur Ökologisch Bewusste Unternehmensführung/Association Suisse pour l'integration de l'Ecologie dans la Gestion des Enterprises*) foi fundada em 15 de março de 1989 e conta com mais de 160 membros, entre os quais Migros, Ciba-Geigy, Nestlé, Swiss Bank Corporation, Anova Holding, Lever e Holzstoff.

A associação estudantil *oikos* da St. Gallen University patrocinou uma conferência sobre "Oportunidades de administração ambiental" em 30 de junho de 1988 para cerca de 60 administradores de empresas. Essa conferência preparou o terreno para a fundação da Associação Suíça de Administração Ambiental, cujo objetivo é difundir o conceito de administração ambiental na Suíça e, em especial, firmar as idéias ambientalistas entre os escalões superiores de administração. Os meios usados para atingir essas finalidades são a transmissão de conhecimentos sobre ecologia, o intercâmbio de experiências entre as empresas membros, o desenvolvimento da educação e da pesquisa de cunho ambiental e, em especial, a formação de "grupos de ação" voltados para temas específicos.

Suécia

A organização B.A.U.M. sueca é chamada *Svenska* BAUM *Naringslivets Miljöforum*. Foi instituída por empresários suecos em 22 de outubro de 1990. Seu objetivo é incentivar a administração ambiental na economia sueca e proporcionar um fórum para o intercâmbio de opiniões, experiência e *know-how* sobre o assunto.

A Svenska BAUM conta com cerca de 45 empresas membros, entre as quais ABB Flakt, ASSI, Nobel Industrier, Electrolux, Ericsson, ICA Foretagen, IKEA, KABI, Modo, Swedish National Railways, Stena Line, Svenska Massan, Southern Power, Tetra Pak e Volvo. Todas as organizações membros dão treinamento ecológico a seus funcionários, ou têm planos nesse sentido. A maioria usa as técnicas da eco-auditoria.

Reino Unido

Um grande número de empresas, representando um corte transversal da indústria britânica, reuniu-se em novembro de 1990 para formar a TREE UK-Technology, Research and Enterprise for the Environment (Tecnologia, pesquisa e empreendimentos para o ambiente). Sendo a mais antiga entre as muitas organizações que surgiram para tratar de ambiente e negócios, seus membros incluem importantes empresas, como Dow Chemical, AEG-UK, Leyland DAF, Prospect Foods, Baxi Heating, e organizações notáveis como Coventry Pollution Prevention Panel, British Soft Drinks Association e Southampton Industrial Environmental Association. A TREE UK abriga tanto empresas grandes como de médio e pequeno porte, da indústria e da área de serviços (consultores, por exemplo).

A TREE UK está considerando a possibilidade de desenvolver programas específicos para vários setores da economia, por exemplo em colaboração com a Leyland DAF para a indústria automotiva, ou juntamente com a British Soft Drinks Association para o setor de bebidas.

Qual seria a sua preferência, se estivesse diante de interesses conflitantes: o ambiente ou a indústria? Na média, 1 pessoa de cada 2

Fig. 4. Consciência ambiental na comunidade européia

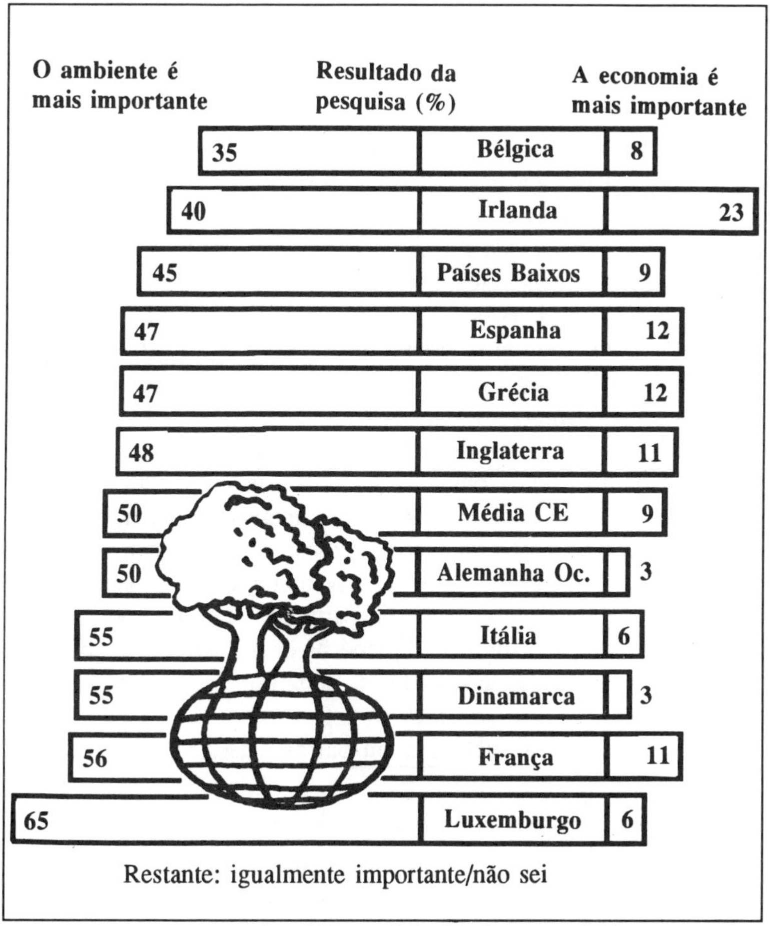

INEM — The International Network for Environmental Management

Grafik: © imu – bildinfo, Essen

na Comunidade Européia seria a favor da proteção ambiental; apenas cerca de 1 em 10 votaria pela indústria; cerca de 1 em 3 acha que ambos são igualmente importantes; apenas 1 pessoa em 10 declarou-se indecisa. Na estatística completa, a Espanha tem o maior número de "não sei", com um quarto da população ainda indecisa. Luxemburgo tem opiniões muito mais definidas, com apenas 1% de "não sei" e a mais alta porcentagem a favor do meio ambiente. De acordo com esse levantamento, a Irlanda é o país onde a indústria recebe mais apoio.

Dinamarca

A ELM Dinamarca, *Erhvervslivets Ledeisesforum for Miljöfremme*, foi criada em agosto de 1991 por um grupo das principais empresas dinamarquesas, entre as quais a Danish National Railways (DSB), sob a direção da Brodrene Hartmann, líder mundial em embalagens de fibra moldada. Atualmente tem como membros as seguintes companhias: Brodreene Hartmann, InvestMiljo, Danish National Railways, Renholdingsselskabet af 1898, Renda, Jiffy, Ramboll & Hannemann e Danapak.

A ELM Dinamarca define assim seus objetivos: incentivar a responsabilidade das empresas para com o ambiente; tornar conhecidas as idéias da ELM no comércio, na indústria e entre o público em geral; dar prosseguimento ao desenvolvimento do sistema integrado de administração ambiental; proporcionar serviço a seus membros, inclusive intercâmbio de informações, reuniões entre os membros, conferências e serviços de consultoria; participar de outras organizações, nacionais e internacionais, com o propósito de promover a administração ambiental; e agir como catalisador da administração ambiental.

Associações em outros países

Hong Kong

Em Hong Kong, foi criado em dezembro de 1988 o Comitê do Setor Privado para o Ambiente (PSCE), na esteira da decisão tomada por algumas das principais empresas de Hong Kong, no sentido de explorar uma abordagem do setor privado às questões ambientais. O

PSCE visa somar os recursos das principais empresas de Kong Kong para tratar de problemas ambientais prementes, e servir de exemplo para outras operações. As empresas incluem: China Power & Light, Du Pont, Hong Kong Bank, Hong Kong Tourist Association, Hutchison Whampoa, ICI China, Jardine Pacific, Modern Terminals, Reuters, Shell Hong Kong, South China Morning Post, o Grupo Swire e Whart Holdings.

O PSCE colaborou com a limpeza do porto, patrocinando uma experiência para instalar telas em três desembocaduras e financiando um serviço de expulsão de gases queimados de barcos. Além disso, o PSCE está atacando o problema do excesso de lixo de Hong Kong. Os associados estudaram o manejo de sobras de papel em suas respectivas empresas, e em algumas delas há programas de coleta de sobras de papel em vias de implementação.

O PSCE encomendou vários estudos, incluindo uma avaliação do potencial da permuta de refugos no setor de eletrogalvanização de Hong Kong, e outros sobre formas de recuperar metais, ácidos e outros materiais dos resíduos das indústrias locais. Editou uma publicação e fez apresentações sobre o tema "Ambientalismo de mercado: lições para Hong Kong".

O PSCE está financiando um centro ambiental cujo principal objetivo é gerar, comercializar e implementar projetos ambientais com impacto direto sobre o ambiente de Hong Kong. As funções do centro incluem o desenvolvimento e a promoção de equipamentos de controle de poluição; a prestação de serviços de consultoria a indústrias, sobre poluição; a coordenação e a administração de consultorias; a administração de um sistema de permuta de refugos e de um centro de informações sobre reciclagem de resíduos; e a divulgação desses serviços através de seminários, publicações e publicidade.

África do Sul

O Fórum Industrial Ambiental (IEF) da África do Sul foi fundado em agosto de 1990 por iniciativa de várias das maiores empresas sul-africanas. Tem agora cerca de 50 empresas membros, representando um corte transversal da indústria pesada e de manufatura da África do Sul (geração de energia, ferro e aço, carvão e mineração, cimento, produtos químicos, papel e indústria automotiva). Seus membros incluem ESKOM, Caltex Oil, BP Southern Africa, Mobil, Chamber of Mines, Nissan, Toyota, Highveld Steel, Rand Mines, AECI Explosives and Chemicals, TransNatal Coal, Sappi Paper & Pulp, Sentrachem, South African Airways e Pick's Pay.

O IEF é a única organização membro da INEM que visa explicitamente ultrapassar as fronteiras de seu país e desenvolver um trabalho mais amplo de cunho regional. É uma idéia concebida para as condições peculiares à África do Sul, e demonstra a flexibilidade das organizações membros da INEM. A INEM pretende estender a cooperação com o IEF a outros países da África setentrional, para ajudar as empresas interessadas a criar organizações para a administração ambiental — como já foi feito no Zimbabwe. O programa de ação do IEF inclui a criação de um Código de Conduta ambiental para empresas e a condução de uma pesquisa sistemática para identificar as áreas onde é mais necessário agir com urgência. Outros pontos do programa do IEF são a obtenção de informações para as empresas membros e a organização do intercâmbio de experiências entre empresas.

Outros grupos de trabalho serão formados, com objetivos específicos (por exemplo, elaboração de diretrizes para a eco-auditoria) ou com caráter informativo (por exemplo, administração do ar puro). A secretaria ajuda a encontrar especialistas qualificados, a maior parte deles pertencente às empresas que são membros, para ministrarem palestras aos grupos de trabalho.

Japão

No Japão, foi criado em junho de 1991 o Centro Eco-Vida (a princípio denominado Centro Eco-Empresa), para aumentar a conscientização ambiental nas empresas, no governo, nos círculos acadêmicos e entre a população em geral, e para promover, no Japão, um estilo de vida mais benéfico ao ambiente. O Centro conta atualmente com 131 membros, entre empresas e pessoas físicas. As empresas membros incluem CGC Japan, Doei Paper Industry, Chioda Bank,

Co-op Japan, Dynax Urban Environmental Research Institute, Toyo Glass e INAX.

As atividades do Centro Eco-Vida compreendem reuniões periódicas dos membros; criação de fontes de informação sobre econegócios e ecoprodutos; coordenação de projetos relativos a negócios ambientais; pesquisa e desenvolvimento, distribuição, vendas, etc. de ecoprodutos; programação e coordenação de conferências, simpósios e excursões; campanhas realizadas em conjunto com a mídia, administradores e grupos de consumidores, para promover estilos de vida ecológicos no Japão; publicação de catálogos de ecoprodutos a organizações membros; coordenação de reuniões da "Rede de Empresas e Eco-Vida"; publicação de revistas, boletins e livros. O Centro Eco-Vida colaborou com a Agência ambiental japonesa no desenvolvimento do sistema japonês do eco-rótulo (Eco-Mark), e com a União de Consumidores Japoneses no projeto Ambiente 21, que busca mudar a orientação do estilo de vida de seus 14 milhões de membros para atenuar o impacto ambiental.

As prefeituras de Tóquio, Kyoto e Osaka deram início à reciclagem e à substituição de madeira de lei tropical usada nos moldes de concreto de obras do governo. Essas iniciativas foram conseqüência da crescente pressão popular, sob a liderança da JATAN (Rede de ação japonesa pelas florestas tropicais), contra a participação do Japão na destruição das florestas tropicais. As classificações sociais e ambientais de empresas, publicadas anualmente no *Asahi Journal*, estão expondo mais empresas à auditoria ecológica, bem como à vigilância da população.

A Sociedade Valdez, cujo nome vem dos Princípios Valdez (agora chamados Princípios CERES), foi formada em meio de 1990. Até outubro de 1992 contava com 200 membros, compreendendo ativistas, funcionários de empresas, acadêmicos e jornalistas. Tornou-se conhecida ao classificar as empresas de acordo com o desempenho ambiental.

A Sociedade Valdez é composta por três comitês. O grupo de consumidores verdes estuda o consumo verde, para influenciar estratégias de comercialização de empresas, e promove mercados ecologicamente corretos. Seu primeiro relatório anual classificou 51 empresas de supermercado. O grupo de investimento socialmente responsável estuda métodos pelos quais os investidores podem melhorar as práticas ambientais das empresas. O grupo de ambientalismo empresarial, composto for funcionários de empresas, pesquisa estratégias de administração que incitariam as empresas a melhorar voluntariamente sua política ambiental (Tetsuro 1992).

Brasil

SIGA, a Sociedade para o Incentivo ao Gerenciamento Ambiental, é a primeira associação nos moldes da B.A.U.M. a ser criada na América Latina. Foi lançada no Rio em 9 de outubro de 1991, por iniciativa de vários grupos de negócios: GIE e Pro Rio em 92 do Rio de Janeiro, PNBE de São Paulo e companhias como João Fortes Engenharia (Rio) e o Grupo CETEST (São Paulo).

A importância do membro brasileiro da INEM foi sublinhada na Conferência das Nações Unidas sobre Ambiente e Desenvolvimento, também conhecida como Cúpula da Terra (3 a 14 de junho de 1992). A experiência brasileira pode servir de modelo para outras nações latino-americanas e outros países em desenvolvimento.

A SIGA também formará grupos de trabalho, um deles com a finalidade de ajudar as empresas brasileiras a encontrar meios de usar recursos renováveis localmente na fabricação de produtos mais favoráveis ao ambiente.

Israel

Em Israel, foi criada em janeiro de 1992 a ALVA — Sociedade da Indústria pela Ecologia, por iniciativa de Ormat Industries, um grupo de sistemas de energia alternativa e biotecnológica, juntamente com representantes da Associação Israelense de Fabricantes, da Sociedade para a Proteção da Natureza em Israel e do Ministério do Ambiente, o Ministério da Indústria e Comércio e outros ministérios e autoridades.

Zimbabwe

O Fórum Ambiental de Zimbabwe (EFZ), fundado no começo de 1992, visa promover a administração ambiental responsável e autoregulada na agricultura e na mineração, na indústria e no comércio. As organizações membros devem promover a administração ambiental em suas próprias estruturas, incluindo o cumprimento da legislação ambiental e a adoção de políticas empresariais ambientais, tais como a educação ambiental e a motivação do pessoal. Os membros também fazem o intercâmbio de informações e conhecimentos.

No próximo capítulo, analisaremos algumas das mudanças de pensamento que estão por trás das novas práticas pioneiramente introduzidas pelas empresas mencionadas anteriormente.

4

Mudança de paradigma: do ambientalismo para o gerenciamento ecológico

Para determinar o referencial conceitual da teoria e da prática da eco-administração, tema da Parte II, faremos agora uma distinção entre "administração ambiental" e "administração ecológica" (ou "gerenciamento ecológico"). Usamos o primeiro termo para designar a abordagem defensiva e reativa, exemplificada pelos esforços ambientais reativos e pela auditoria de cumprimento; e o segundo termo para designar a abordagem ativa e criativa desenvolvida na Alemanha, e conceitualmente aprimorada pelo Elmwood Institute. O objetivo do gerenciamento ecológico é minimizar o impacto ambiental e social das empresas, e tornar todas as suas operações tão ecologicamente corretas quanto possível.

Transformação da administração ambiental em ecológica

Nosso ponto de partida é o reconhecimento de que os problemas ecológicos do mundo, como todos os outros grandes problemas de nosso tempo, não podem ser entendidos isoladamente. São problemas sistêmicos — interligados e interdependentes — e sua compreensão e solução requerem um novo tipo de pensamento sistêmico, ou ecológico (Lutz 1990, 3). Ademais, esse novo pensamento precisa ser acompanhado de uma mudança de valores, passando da expansão para a conservação, da quantidade para a qualidade, da dominação para a parceria. O novo pensamento e o novo sistema de valores, juntamente com as correspondentes percepções e práticas novas, constituem o que denominamos o "novo paradigma" (ver "Questões críticas sobre o pensamento do novo paradigma", *ReVision* 1986).

A filosofia que fundamenta a prática do gerenciamento ecológico do modo como é entendida pelo Elmwood, baseia-se na convicção de que o impacto ecológico das operações de uma empresa não terá uma melhoria significativa enquanto a empresa não passar por uma mudança radical em sua cultura empresarial — uma mudança de paradigma, conforme o que foi descrito acima. (Elucidar, promover e facilitar essa mudança é exatamente o propósito do Elmwood Institute. Para tanto, o Instituto coloca diversos recursos à disposição de seus membros — livros, jornais, boletins, fitas de áudio e vídeo, círculos de discussão, etc.)

O novo paradigma pode ser denominado como uma visão do mundo holística — a visão do mundo como um todo integrado, e não como um conjunto de partes dissociadas. Pode ser denominado como uma visão sistêmica, ou de sistemas, em referência a seu embasamento mais teórico e abstrato na teoria dos sistemas. Finalmente, o novo paradigma pode ser denominado como uma visão ecológica, usando esse termo numa acepção muito mais ampla e profunda do que a usual.

Ambientalismo superficial e ecologia profunda

Nossa distinção entre administração ambiental e administração ecológica implica o uso do termo "ecológico" nesse sentido mais amplo e profundo. Consideramos a nossa terminologia uma aplicação específica da distinção entre "ambientalismo superficial" e "ecologia profunda", expressões cunhadas na década de 1970 pelo filósofo norueguês Arne Naess (Devall e Sessions 1985). Essa terminologia, muito útil, é agora comumente aceita para fazer essa distinção e para entender uma grande divisão dentro do pensamento ambientalista contemporâneo.

No seu ensaio "Ecologia profunda: uma nova filosofia de nosso tempo?", Warwick Fox (1984) examina três características da distinção de Arne Naess, cada uma delas claramente pertinente à nossa distinção entre administração ambiental (superficial) e ecológica (profunda).

O ambientalismo superficial aceita o paradigma mecanicista dominante.
A ecologia profunda envolve a mudança para uma visão do mundo holística e sistêmica.

A auditoria ambiental e outras práticas administrativas ambientais não questionam o paradigma empresarial dominante. Elas vêem a empresa como uma máquina que pode ser controlada, e adotam o quadro de referência da economia convencional. Na auditoria de cumprimento, podem ser aplicados métodos baseados unicamente na quantificação, já que as regulamentações e normas governamentais são quantificadas. Contudo, isso necessariamente reforça o *status quo* e não fornece orientação alguma para a solução de problemas ambientais urgentes não contemplados nas medidas governamentais.

O gerenciamento ecológico envolve a passagem do pensamento mecanicista para o pensamento sistêmico. Um aspecto essencial dessa mudança é que a percepção do mundo como máquina cede lugar à percepção do mundo como sistema vivo. Essa mudança diz respeito à nossa percepção da natureza, do organismo humano, da sociedade e, portanto, também à nossa percepção de uma organização de negócios. As empresas são sistemas vivos, cuja compreensão não é possível apenas pelo prisma econômico. Como sistema vivo, a empresa não pode ser rigidamente controlada por meio de intervenção direta, porém pode ser influenciada pela transmissão de orientações e emissão de impulsos. Esse novo estilo de administração é conhecido como administração sistêmica (Capra, Exner e Königswieser s.d.)

O ambientalismo superficial é antropocêntrico: encara os humanos como a fonte de todo valor e atribui apenas valor de uso à natureza. A ecologia profunda reconhece o valor intrínseco de todos os seres vivos e encara os humanos simplesmente como um determinado fio da teia da vida.

A administração ambiental está associada à idéia de resolver os problemas ambientais em benefício da empresa. Ela carece de uma dimensão ética, e suas principais motivações são a observância das leis e a melhoria da imagem da empresa. O gerenciamento ecológico, ao contrário, é motivado por uma ética ecológica e por uma preocupação com o bem-estar das futuras gerações. Seu ponto de partida é uma mudança de valores na cultura empresarial.

O ambientalismo superficial tende a aceitar, por omissão, a ideologia do crescimento econômico, ou a endossá-la abertamente. A ecologia profunda substitui a ideologia do crescimento econômico pela idéia da sustentabilidade ecológica.

O pensamento ecológico profundo gera uma série de possibilidades. As empresas podem fixar um prazo — dois anos, por exemplo — dentro do qual deixarão de produzir e receber embalagens. As empresas — quer sejam fabricantes de pesticidas agrícolas tóxicos exportados para o mundo subdesenvolvido, ou de vestidos com lantejoulas à base de petróleo, fruto da exploração do trabalho de crianças em troca de pagas irrisórias — podem traçar estratégias de investimento em pesquisas para desenvolver substitutos, adotar outros produtos e práticas, ou preparar sua gradual retirada do ramo em que atuam dentro de um determinado prazo, se não for possível encontrar outras soluções.

Atualmente, o ambientalismo superficial se manifesta na "lavagem verde", uma prática pela qual as empresas fazem mudanças ambientais cosméticas com objetivos cínicos no que tange a relações públicas. Essas empresas gastam dinheiro em publicidade, *marketing* e promoção de imagem "verde", mas não em "enverdecer" os processos de produção, as instalações e as condições de trabalho de seus funcionários. Tais práticas podem, também, ser uma indicação de que a empresa desconhece as mudanças ecológicas possíveis. Os planejadores de empresas preocupados com a questão ambiental muitas vezes caem num verdadeiro impasse quando, ao tentar adotar um enfoque ecológico, vêem-se às voltas com exigências conflitantes de interessados que rivalizam entre si, principalmente dos acionistas, cujas expectativas giram em torno dos balancetes trimestrais. Optar unicamente por um simples programa de reciclagem ou de eficiência de energia (em si mesmo um esforço importante e útil), em vez de prosseguir rumo a uma reavaliação fundamental de produtos e processos de produção, pode parecer satisfatório para um administrador que não tenha conhecimento das inovações introduzidas por outras empresas.

A auditoria ambiental não questiona a ideologia do crescimento econômico, que é a principal força motriz das atuais políticas econômicas e, tragicamente, da destruição do ambiente global. Rejeitar essa ideologia não significa rejeitar todo o crescimento, mas sim rejeitar a busca cega do crescimento econômico *irrestrito,* entendido em termos puramente quantitativos como maximização dos lucros ou do PNB. A auditoria ecológica implica o reconhecimento de que o crescimento econômico ilimitado num planeta finito só pode levar ao desastre. Dessa forma, faz-se uma restrição ao conceito de crescimento, introduzindo-se a sustentabilidade ecológica como critério fundamental de todas as atividades de negócios.

A polêmica sobre a Du Pont mostra o quanto é difícil, por vezes, distinguir entre transformação ecológica profunda e ambientalismo superficial. A Du Pont divulgou suas metas de desempenho para o ano 2.000 e tornou públicas suas boas intenções com respeito à subsidiária de petróleo Conoco (navios-tanques de casco duplo, por exemplo). Como resultado de uma avaliação sistemática em 1990, a Du Pont passou a investir quase US$ 1 bilhão por ano para diminuir as emissões tóxicas, depois de concluir que era mais barato fazer novos projetos para atingir nível zero de lixo tóxico do que continuar exposta a processos, fazendo apenas uma redução marginal da poluição.

Note-se, no entanto, que a Du Pont continua sendo uma das maiores empresas poluidoras da América, liberando no ambiente 350 milhões de libras de tóxicos a cada ano. Evidentemente, há um abismo separando o "ambientalismo empresarial" da transformação completa das empresas.

Empresas pioneiras e tradicionais

As empresas pioneiras, das quais a Patagonia, fabricante de roupas esportivas, é um exemplo, têm administrações com uma visão do mundo responsável do ponto de vista social e ambiental. Em geral são empresas fechadas de pequeno ou médio porte (menos de US$ 400 milhões). Freqüentemente, um dos fundadores continua estreitamente ligado à direção da empresa. Muitas vezes são empresas mais recentes, com uma história de crescimento durante a maior parte de sua vida. Muitas delas estão no setor de serviços ou produtos finais descartáveis: sorvetes, cosméticos, roupas especiais, entretenimento especial.

As empresas tradicionais, das quais a Du Pont é um exemplo, podem não ser motivadas pela ecologia profunda, mas costumam ter uma experiência gerencial mais sólida. Estão acostumadas com o planejamento estratégico, a criação de cenários de longo prazo, a administração de qualidade total e a análise mercadológica de profundidade. Freqüentemente, têm mais recursos para investir na inovação ecológica, embora enfrentem restrições mais severas. As tradicionais representam a vasta maioria das empresas de capital aberto e a maioria dos setores "essenciais": alimentos, roupas, construção, energia, transportes, comunicações, matérias-primas industriais, e assim por diante. As empresas tradicionais também representam os setores que mais sofrem pressão dos ambientalistas. De acordo com o dr. Martin Holdgate, diretor-geral da World Conservation Union (União para a conservação do mundo) (Elkington e Dimmock 1992), essas companhias

- São as maiores responsáveis pelos gases que provocam o efeito estufa ou a destruição da camada de ozônio (por exemplo, energia, solventes)
- Estão realizando manipulações maciças do ambiente natural (por exemplo, mineração, petróleo, madeira)
- Têm licenças para liberar quantidades determinadas de poluentes, mas enfrentam rigorosa regulamentação (por exemplo, farmacêuticas, processamento de metais, pesticidas).

As empresas pioneiras talvez encarem com desdém as dificuldades envolvidas nas indústrias essenciais, das quais a sociedade depende para o fornecimento contínuo de produtos conhecidos e gêneros de primeira necessidade. Nas empresas norte-americanas de capital aberto, a avaliação do trabalho dos dirigentes pode depender de relatórios favoráveis apresentados trimestralmente aos acionistas, o que institucionaliza a resistência à mudança onerosa e de mais longo prazo. As empresas tradicionais podem mostrar-se injustificadamente satisfeitas com o que são, visando a pequenas melhorias em vez da transformação para a sustentabilidade. Muitas vezes, os tradicionais acham que os pioneiros são sonhadores ecológicos, incapazes de entender as limitações decorrentes da administração de um negócio "sério". Os pioneiros, por seu turno, podem achar que os tradicionais têm responsabilidade maior pela mudança, por terem causado mais estragos.

Uma empresa tradicional pode ter uma motivação puramente pragmática para mudar: administração de risco, planejamento estratégico, posição concorrencial, lucro em novos mercados consumidores. Mesmo que a ecologia não esteja na raiz da transformação, a correção de suas práticas de gerenciamento ecológico pode ser igual ou superior à da empresa pioneira. É fundamental examinar atentamente o que as empresas fazem, não o que dizem que fazem. O investimento de capital em larga escala na ecologia pode comprometer uma empresa com a mudança ecológica intensiva, independentemente das convicções que afirme ter.

O que motiva as empresas pioneiras à mudança ecológica é a visão do mundo de seus dirigentes. Freqüentemente, elas são "rápidas no gatilho", no estilo empresarial de seu fundador. Podem enfrentar dificuldades para manter iniciativas de gerenciamento ecológico profundo em períodos de desaquecimento econômico ou intensificação da concorrência. Podem perder de vista a dimensão humana do esforço e supor que as pessoas que não compartilham sua visão do mundo (tanto os empregados como os interessados que estão de fora) não merecem confiança, em vez de vê-los como aliados em potencial.

As empresas pioneiras e tradicionais muitas vezes revelam gritantes contrastes em sua cultura organizacional, emblematizados no estilo das roupas usadas (camiseta e calça *jeans,* ou terno e gravata) e atividades sociais da empresa (acampamentos ou clubes de golfe). Esses sinais exteriores nem sempre estão de acordo com as ações dos dois tipos de empresa. Uma empresa pioneira pode ter um excelente programa de reciclagem, mas pagar salários baixos, combater os sindicatos, e não proporcionar benefícios de plano de saúde para os empregados e suas famílias. Uma empresa tradicional pode investir num trabalho revolucionário de pesquisa e desenvolvimento de produtos ecologicamente inovadores, e, ao mesmo tempo, concluir que o custo relativo das multas, comparado com o custo da limpeza ambiental, justifica, no curto prazo, infringir as regulamentações da EPA.

Melhores canais de comunicação entre empresas pioneiras e tradicionais podem ajudar a acabar com os preconceitos, fortalecer as alianças para a eco-administração e permitir que um grupo aprenda com os pontos fortes do outro. Ambos os grupos são necessários para nortear os esforços de novos empreendimentos ou empresas que estão no limiar das mudanças. É preciso dar boa acolhida às empresas de todos os tipos nas redes de gerenciamento ecológico, que vão facilitar e intensificar a mudança para uma visão do mundo ecológica, na teoria e na prática.

Diversidade cultural e gerenciamento ecológico

Na visão do gerenciamento ecológico, as preocupações sociais e ambientais não devem competir. Se as questões sociais, trabalhistas ou culturais parecerem conflitar com a pauta ambiental, a empresa está no caminho errado. O eco-administrador precisa estar preparado para o desafio de harmonizar essas preocupações.

As pessoas de cor, as mulheres, os trabalhadores e outros grupos diversamente afetados pelas ações da empresa podem ser os melhores aliados do eco-administrador, pois podem contribuir com percepções e soluções peculiares para os problemas. A transformação ecológica é limitada e provavelmente se mostrará frágil sem diversidade cultural em termos de participação, perspectivas e bases de sustentação.

Ninguém quer ser um símbolo. Incorporemos perspectivas diferentes no processo de planejamento desde o começo. É preciso assegurar que as "minorias" não sejam representadas por uma única pessoa, que haja apoio de mais de uma pessoa pertencente aos grupos que, anteriormente, não tinham representação suficiente. É preciso que o grupo todo considere as questões de diversidade, em vez de delegar essas preocupações apenas à pessoa daquela cultura.

Não poupemos o tempo extra necessário para assegurar uma representação diversificada desde o começo. É difícil conseguir adesões para a mudança depois que todas as decisões tiverem sido tomadas. Arregimentar pessoas que até então não se preocupavam com questões ambientais ou administrativas pode levar mais tempo; por outro lado, as pessoas se empenham mais para assegurar o sucesso de um esforço que elas tenham ajudado a moldar. A recompensa pelo tempo gasto virá na forma de uma estratégia mais completa, de uma liderança mais capaz de sensibilizar os diferentes interessados, de credibilidade para o esforço, e da profundidade que só se consegue quando a conduta se baseia em princípios, quando o discurso e a prática são iguais.

Definição Elmwood de uma eco-auditoria

Com base na análise precedente sobre as diferenças entre auditoria ambiental (superficial) e ecológica (profunda), adotaremos a seguinte definição de uma eco-auditoria:

> *Uma eco-auditoria, conforme entende o Elmwood Institute, é o exame e a revisão das operações de uma empresa da perspectiva da ecologia profunda, ou do novo paradigma. É motivada por uma mudança nos valores da cultura empresarial, da dominação para a parceria, da ideologia do crescimento econômico para a ideologia da sustentabilidade ecológica. Envolve uma mudança correspondente do pensamento mecanicista para o pensamento sistêmico e, por conseguinte, um novo estilo de administração conhecido como administração sistêmica. O resultado de uma eco-auditoria é um plano de ação para minimizar o impacto ambiental da empresa e fazer com que todas as suas operações sejam mais ecologicamente corretas.*

O termo "auditoria", derivado naturalmente das auditorias financeiras, tende a conotar um exame específico e minuciosamente definido de acordo com regulamentações do governo, políticas da empresa, ou "práticas geralmente aceitas". O termo eco-auditoria, na acepção mais ampla, conforme preconizada pelo Elmwood, inclui procedimentos às vezes chamados levantamentos, avaliações, estimativas, revisões e assim por diante. O elemento comum aos dois termos é a indicação de que está sendo efetuado um exame sistemático das operações de uma empresa, do ponto de vista ecológico.

É importante observar que, como os funcionários que efetivamente executam um trabalho são os que mais o conhecem, é preciso que eles participem dos procedimentos da auditoria. Provavelmente, eles apresentarão muitas idéias inovadoras, desde que sejam verdadeira e adequadamente incentivados e recompensados; assim, uma das "metodologias" da melhoria ecológica numa empresa é mobilizar o interesse e a engenhosidade de todos os funcionários. A auditoria tem capacidade efetiva máxima de transformação das práticas da empresa quando o próprio processo de condução da auditoria é um exemplo do tipo de práticas empresariais sistêmicas e ecológicas que constituem o objetivo máximo.

PARTE II

Teoria e prática do gerenciamento ecológico

5

Administrar a mudança para uma cultura empresarial com consciência ecológica

Nosso ponto de partida é a convicção de que o gerenciamento ecológico envolve mudanças básicas na cultura empresarial. O gerenciamento ecológico e a eco-auditoria em si, conforme a definição do Elmwood, têm como motivação e fundamento os valores e o conceito da ecologia profunda. Seu sucesso dependerá da medida em que o paradigma ecológico estiver refletido na cultura empresarial (Os primeiros capítulos da Parte II recorrem exaustivamente a Georg Winter *et al*, *Das umweltbewusste Unternehmen* [1987], e até certo ponto à versão inglesa *Business and the Environment* [1989].)

Novas percepções, idéias e valores

Os conceitos de "paradigma" e "cultura empresarial" estão intimamente relacionados. Pode-se definir paradigma social (ver "Questões Críticas" 1986) como uma constelação de conceitos, valores, percepções e práticas compartilhados por uma comunidade, compondo uma visão particular da realidade, que constitui a base sobre a qual a comunidade se organiza. Pode-se definir cultura empresarial como um conjunto de idéias, valores, normas e modos de conduta, que foi aceito e adotado por uma empresa através de um consenso, e que constitui o caráter distintivo e inconfundível da organização. Ou, nas palavras mais informais do diretor-gerente de uma grande consultoria, cultura empresarial é "o jeito de fazermos as coisas por aqui" (Deal e Kennedy 1982, 4).

A questão básica, portanto, é: o que significa ampliar e redefinir a cultura empresarial de forma tal que ela reflita o paradigma da ecologia profunda? Seria ultrapassar em muito o escopo deste livro discutir a mudança de paradigma na ciência e na sociedade em todas as suas ramificações. Nos parágrafos seguintes, esboçaremos apenas os elementos-chave da mudança de paradigmas, com ênfase especial sobre os que são mais pertinentes à correspondente redefinição de cultura empresarial.

Uma empresa ecologicamente consciente tem uma cultura que abarca diferentes percepções, idéias, valores e comportamentos. Uma eco-auditoria bem-sucedida pode identificar quais dos conceitos expostos a seguir precisam de maior conscientização.

Estado do mundo

Os anos 90 são uma década crítica. A sobrevivência da humanidade e do planeta estão em jogo. Estamos diante de uma série de problemas globais que estão danificando a biosfera e a vida humana de forma alarmante, capaz de, em breve, tornar-se irreversível (ver os relatórios anuais *State of the World* do Worldwatch Institute). As florestas da Terra estão sendo desmatadas, enquanto a desertificação avança. O solo arável das nossas terras está diminuindo, e a camada de ozônio, que nos protege da prejudicial radiação ultravioleta, está sendo destruída. As concentrações de gases que aprisionam o calor na atmosfera estão se elevando, enquanto o número de espécies vegetais e animais está se reduzindo. A população mundial continua a crescer, e continua a aprofundar-se o abismo entre ricos e pobres.

Inter-relação dos problemas

Nenhum desses problemas pode ser entendido isoladamente. São problemas sistêmicos — interligados e interdependentes — e sua compreensão e solução requerem um enfoque sistêmico.

Mudança de objetos para relações

A natureza sistêmica dos problemas mundiais deriva do fato de que o mundo em si, o nosso planeta Terra, é um todo integrado, um sistema vivo. A mudança de percepção, do mundo como máquina para o mundo como sistema vivo, é uma faceta fundamental do paradigma ecológico. A realidade já não é mais vista como uma reunião de objetos separados, mas sim como uma teia inseparável de relações.

Mudanças das partes para o todo

Os sistemas vivos compreendem organismos individuais, sistemas sociais e ecossistemas, e constituem conjuntos integrados inseridos em conjuntos maiores, dos quais dependem. As propriedades sistêmicas são destruídas quando um sistema é desmembrado, física ou teoricamente, em elementos isolados. Embora possamos discernir partes individuais em qualquer sistema, a natureza do todo é sempre diferente da simples soma das partes. A natureza de qualquer sistema vivo, incluída aí a organização de negócios, deriva das relações entre seus componentes e das relações do sistema todo com seu ambiente.

Mudança da dominação para a parceria

A mudança de valores, da dominação para a parceria, é outro elemento fundamental do paradigma ecológico (Eisler 1987). Enquanto uma máquina é adequadamente entendida por meio de dominação e controle, a compreensão de um sistema vivo será muito mais bem-sucedida se abordada por meio da cooperação e da parceria. Na natureza, toda competição está intricadamente ligada à cooperação. As relações cooperativas e simbióticas são uma característica essencial da teia da vida.

Mudanças de estruturas para processos

Pensar sistemicamente é pensar em processos. Toda estrutura é uma manifestação de processos que a fundamentam. A teia de relações é intrinsecamente dinâmica. As oscilações desempenham um papel crucial. O sistema atinge a estabilidade mediante um equilíbrio dinâmico, caracterizado pelas contínuas oscilações interdependentes de todas as variáveis. Quanto mais dinâmico o estado de equilíbrio, mais flexível o sistema vivo; quanto mais flexível o sistema, maior é a sua estabilidade. A tensão é a falta de flexibilidade.

Mudança de auto-afirmação para integração

Um equilíbrio dinâmico saudável nos sistemas vivos inclui o equilíbrio entre auto-afirmação e integração, duas tendências essenciais de toda vida. Como conjuntos integrais, os sistemas vivos precisam afirmar-se em sua individualidade; como parte de conjunto maiores, precisam integrar-se em padrões maiores. Na nossa cultura, damos ênfase excessiva à auto-afirmação — concorrência, expansão, quantidade — e negligenciamos a integração — cooperação, conservação, qualidade. A mudança de paradigma inclui a mudança de valores, da auto-afirmação para a integração.

Mudança de crescimento para sustentabilidade

No que diz respeito às organizações de negócios, o exemplo mais importante da mudança de expansão para conservação, de quantidade para qualidade, é a mudança nos critérios fundamentais de "sucesso", do crescimento econômico para a sustentabilidade ecológica. Como mencionamos anteriormente, a busca cega do crescimento irrestrito é a principal força motriz da destruição ambiental global. O crescimento, naturalmente, é uma característica de toda vida. No mundo vivo, contudo, o crescimento não tem apenas um significado quantitativo. A administração com consciência ecológica inclui a restrição do crescimento econômico, introduzindo também a sustentabilidade como critério fundamental de todas as atividades de negócios. O que persiste num sistema vivo ao longo do tempo é o padrão de organização, isto é, a teia de relações que define o sistema como um todo integrado. Esse padrão, a verdadeira essência do sistema, é uma característica qualitativa.

Administração sistêmica

A cultura empresarial é o resultado de um longo processo de consenso, e quaisquer mudanças nela exigem a participação das pessoas de todos os níveis da estrutura organizacional da empresa. Embora a sanção da alta administração seja de importância crítica para a mudança uniforme e profunda da empresa, não se pode impor o consenso ecológico de cima para baixo. Ele precisa ser desenvolvido criativamente como o compromisso íntimo de toda a força de trabalho. É por isso que a prática da "administração sistêmica" precisa ser parte integrante do gerenciamento ecológico. Esse novo estilo de liderança, embasado no pensamento e na ação sistêmica, foi desenvolvido na Europa no decorrer da última década. Está também conquistando aceitação nos Estados Unidos. Limitar-nos-emos aqui a alguns poucos pontos-chave.

Os administradores de orientação sistêmica não se vêem como dominadores e controladores na empresa, mas sim como "cultivadores" ou "catalisadores". Cientes da natureza da empresa como sistema vivo, eles emitem "impulsos" e não instruções.

Os administradores sistêmicos precisam aprender a conviver com a incerteza. Eles atuam dentro de um sistema social que não podem compreender completamente e cujas reações e fatos jamais serão capazes de predizer com certeza, e muito menos de controlar. Isto não os exime, porém, da responsabilidade de dar orientação à organização.

A visão da estabilidade e da flexibilidade de um sistema social como conseqüência de seu equilíbrio dinâmico sugere uma estratégia correspondente de solução de conflitos. Em toda companhia, como no conjunto da sociedade, invariavelmente surgem conflitos e contradições que não podem ser simplesmente solucionados em benefício de um ou outro lado. Assim, precisamos de estabilidade e mudança, de ordem e liberdade, de tradição e inovação, de planejamento e *laissez-faire*.

O administrador de orientação sistêmica sabe que as contradições dentro de uma empresa são sinais de sua variedade e vitalidade, e dessa forma contribuem para a viabilidade do sistema. Sem conflitos, não pode haver desenvolvimento algum. O administrador sistêmico, portanto, tenta levar em conta os dois termos de uma contradição, sabendo que ambos serão importantes, dependendo do contexto. Ele não tentará solucionar os conflitos inevitáveis por meio de decisões rígidas, mas sim equilibrando dinamicamente os dois lados.

Objetivos e estratégias empresariais

Análise crítica da filosofia empresarial

O primeiro passo para redefinir a cultura empresarial de uma companhia é a análise crítica de sua filosofia empresarial: até que ponto as percepções, as idéias e os valores descritos no começo deste capítulo estão refletidos na cultura empresarial? Essa análise crítica poderia começar com perguntas muito gerais e profundas. Os altos executivos precisarão perguntar-se com toda a honestidade:

- Estou realmente preocupado com o estado do mundo, ou vou agir simplesmente para conseguir uma melhor imagem ou alimentar o meu ego?
- Realmente entendo as idéias-chave da ecologia, ou simplesmente repito alguns jargões?
- Eu mesmo vivo de forma ecologicamente consciente, ou existe uma discrepância entre minhas palavras e meus atos? Eu faço o que prego?
- Até que ponto os princípios da administração sistêmica fazem parte da nossa cultura empresarial?

O passo seguinte poderia ser o exame da sustentabilidade ecológica do setor do qual a empresa faz parte:

- Os produtos e serviços do setor são ecologicamente corretos, ou desnecessariamente destrutivos?
- Que mudanças tornariam o setor menos prejudicial do ponto de vista ecológico?

Em seguida, poderia ser examinada a sustentabilidade da empresa:

- Qual é a nossa filosofia com relação ao crescimento econômico?
- Que restrições faríamos ao conceito de crescimento?
- Podemos continuar motivados para a mudança sem o objetivo do crescimento quantitativo?

O exame meticuloso dessas questões filosóficas básicas pode levar a uma expansão, ou reformulação, da declaração de missão da empresa, de modo a refletir valores ecológicos profundos.

Análise de questões-chave

A análise filosófica precedente deve permitir que os objetivos e as estratégias empresariais sejam reformulados de forma a ter, como parte essencial, uma dimensão ecológica. Para começar, será proveitoso focalizar as questões ecológicas fundamentais nas áreas em que a empresa atua.

Quais são as *oportunidades e riscos* em nosso ambiente operacional e no mercado?

- Legislação
- Consciência do público
- Consciência dos clientes
- Atividades dos concorrentes
- Desenvolvimentos científicos e tecnológicos

Quais são os nossos *pontos fortes* ou *fracos*?

- Disponibilidade de fundos para investimentos de cunho ecológico
- Consciência ecológica da alta administração
- Flexibilidade de administradores e funcionários
- Importância dos produtos e serviços da empresa para a proteção ambiental e a justiça social
- Apoio da comunidade às melhorias ecológicas

Fixação de objetivos empresariais de cunho ecológico

Identificadas e analisadas as questões ecológicas fundamentais, é possível formular objetivos empresariais de cunho ecológico. Pode ser proveitoso dar início a esse processo fixando um conjunto de *princípios orientadores ecológicos,* tais como:

- Demonstrar a compatibilidade da economia de mercado com os requisitos ecológicos
- Garantir a sobrevivência da empresa identificando tendências globais em seus primeiros estágios e levando-as em conta no planejamento
- Buscar vantagens competitivas, minimizando os impactos ambientais
- Adotar uma postura pró-ativa e criativa em relação aos desafios ecológicos em todas as áreas de atuação da empresa
- Cooperar com parceiros comerciais e acadêmicos para acelerar a acumulação de conhecimento ecológico

Podem então ser fixadas as *metas ecológicas de longo prazo* para a empresa como um todo, tais como:

- Capitalizar a boa vontade dos funcionários, do público em geral e dos órgãos governamentais, resultante do compromisso ecológico da empresa
- Tirar proveito da redução de custos conseqüente da economia de energia e recursos e do avanço de outras tecnologias ecofavoráveis
- Minimizar os riscos decorrentes da responsabilização legal de diretores ou de produtos, mudanças súbitas nas normas legais, ou mudanças súbitas na demanda de consumidores por motivos ecológicos
- Influenciar a legislação por meio do *lobby* de cunho ecológico.

Objetivos semelhantes precisam ser fixados para todos os *departamentos*. Por exemplo:

- Pessoal: tornar a empresa mais atraente para funcionários que se preocupem com o ambiente, reforçando assim a lealdade do quadro
- Compras: demonstrar consciência ecológica na compra de matérias-primas e suprimentos
- Produção: cortar custos poupando energia, matérias-primas e água

- Projeto de produtos: revisar as especificações para minorar o impacto na produção, no uso e no descarte
- Distribuição: procurar usar meios de transporte que gastem menos energia e causem menos poluição.

Finalmente, é preciso avaliar as relações entre os objetivos ecológicos e econômicos da empresa:

- Analisar as implicações dos objetivos ecológicos em relação a movimento de vendas, custos e lucros
- Identificar as principais áreas de conflito
- Estabelecer prioridades de longo prazo no plano de objetivos empresariais, com a possível mudança das prioridades ecológicas ao longo do tempo.

Motivar para a mudança

A mudança para tornar as operações ecologicamente responsáveis depende da participação de todas as pessoas da empresa. Qualquer membro da equipe gerencial que não esteja convencido da necessidade e das vantagens da administração com consciência ecológica precisa, em primeiro lugar, ser motivado. Enquanto os funcionários não estiverem convencidos, o projeto malogrará, não importa quão bem tenha sido elaborado sob outros aspectos.

Traçar e implementar os objetivos e as estratégias da empresa, examinados na seção anterior, será muito mais fácil se o estilo de administração for cooperativo e sistêmico. A atenção deve ser voltada para liberar a energia das pessoas e reconhecer o potencial latente que elas têm; dar orientação; colocar os processos em andamento; demonstrar respeito e consideração; enfatizar a intuição, o sentido, a visão; aumentar a flexibilidade; intensificar o potencial de aprendizado do sistema. Uma vez estabelecidos esses padrões, o projeto de eco-auditoria praticamente prossegue por si mesmo.

Os chefes de departamento ficarão muito mais convencidos das vantagens de uma eco-auditoria se você colocar em relevo os assuntos pertinentes aos seus respectivos departamentos, usando exemplos para ressaltar o ponto principal. Por exemplo, enfatize as relações humanas com o chefe de pessoal; a publicidade, a imagem e a propaganda com o chefe de vendas; a redução de problemas de despejo de lixo com o chefe de administração de materiais; a economia de custos com o chefe de finanças.

Também vai ajudar apelar para o que quer que motive pessoalmente os chefes de departamento, identificando-se com os sentimentos e o raciocínio deles. Quando houver um desejo perceptível de reforçar o espírito corporativo, mencione o efeito integrador da consciência ecológica; quando houver necessidade evidente de estima pública, sublinhe a eliminação do mau conceito resultante do dano ambiental provocado por determinadas atividades da empresa; quando houver uma premente necessidade de auto-realização, ressalte a oportunidade de executar um autêntico trabalho pioneiro na área onde se cruzam economia e ecologia.

Quando chega o momento de tomar decisões, as pessoas precisam estar bem preparadas. Forneça informações e motive as pessoas antecipadamente. Se houver probabilidade de surgirem controvérsias, procure aguardar um momento oportuno, por exemplo, o anúncio de vendas de um ano bem-sucedido, um aniversário especial, ou um pedido importante.

Tomada a decisão, é recomendável dar atenção especial aos membros da equipe gerencial que foram voto vencido, em vez de tratá-los como adversários derrotados.

As decisões sobre medidas ecológicas devem receber ampla divulgação dentro da empresa, para assegurar que a equipe gerencial passe a imagem de um grupo que atua em uníssono, e para que cada um de seus membros se sinta mais fortemente comprometido com a decisão coletiva. Quando a decisão gerar reações e resultados positivos, todos os que dela participaram devem receber crédito, tanto na empresa como na mídia, para que todos possam compartilhar o sucesso. Quando houver uma reação negativa (por exemplo, reclamações sobre a qualidade do papel reciclado), fique do lado dos integrantes do grupo de reciclagem que está sendo alvo dos ataques, para reforçar o espírito de equipe. Aproveite todas as oportunidades que surgirem para agradecer e elogiar a consciência ecológica dos membros da equipe, pois dessa forma você estará motivando as ações futuras de outras pessoas.

A motivação mais intensa do pessoal da empresa é o senso de integridade pessoal e de envolvimento significativo com a firma. À proporção que aumenta a conscientização ecológica entre a população em geral, cresce também, entre os empregados, a sensação de já não se identificarem completamente com atividades que agridem o ambiente. Quanto maior for a percepção de que o trabalho que executam ajudará a proteger o ambiente, maior será o entusiasmo dos funcionários com a execução da eco-auditoria e a implementação de seus resultados na empresa.

Também é importante fomentar a consciência de que padrões ecológicos elevados caminham lado a lado com padrões elevados de trabalho, na acepção tradicional. Como a mudança de quantidade para qualidade é uma característica essencial da ecologia profunda, a nova consciência ecológica pode ser integrada às reivindicações tradicionais de alta qualidade no trabalho. Considerações semelhantes aplicam-se à qualidade das relações humanas dentro da empresa, do ambiente físico de trabalho, da alimentação, e assim por diante. Quanto mais humanos, saudáveis e ecologicamente corretos forem esses fatores, mais fácil será aumentar a consciência ecológica.

Como foi dito em relação aos gerentes, será proveitoso apelar para os interesses e motivações pessoais dos funcionários. Por exemplo, uma forma de tratar da preocupação com a segurança é melhorar as informações sobre segurança e sua monitorização; a necessidade de se sentir parte de algo maior pode ser preenchida com atividades educacionais em grupo, como instrutor ou aluno; a necessidade de ser materialmente recompensado pode ser atendida com abonos e outros incentivos; a necessidade de ter *status*, através de prêmios e de outros sinais de reconhecimento; e a necessidade de auto-realização pela maior participação no planejamento e formulação de estratégias ecológicas.

Como o paradigma ecológico envolve uma visão holística do mundo e da natureza humana, também será proveitoso considerar a pessoa como um todo, em programas de motivação e treinamento, abordando várias facetas: os sentimentos, pela abordagem da vivência ecológica, mediante o treinamento no pensamento sistêmico; o senso de responsabilidade, enfatizando a responsabilidade pela própria saúde, pelos semelhantes, por outras criaturas vivas e pelas gerações futuras; o julgamento, desenvolvendo a capacidade de avaliar e selecionar opções ecológicas; a ação, incentivando constantemente a colocação em prática de novas percepções e decisões.

Em todas essas áreas, terão importância crucial a preparação psicológica, o apoio moral e a recompensa pelo sucesso. Ninguém deve ser colocado diante de fatos consumados. É preciso que os funcionários participem de todas as decisões e sejam consultados com bastante antecedência, para que o conhecimento deles seja reconhecido e utilizado. Os agradecimentos e elogios por políticas ecológicas bem-sucedidas devem ser feitos generosamente.

Depois desses comentários gerais, vamos agora enumerar algumas sugestões para formular um plano coerente de treinamento e motivação dos funcionários. É preciso esclarecer quatro perguntas básicas:

- Quem deve ser motivado e treinado?
- Quem será responsável pela motivação e pelo treinamento?
- O que deve ser transmitido?
- Que métodos têm probabilidade de sucesso?

As pessoas a serem motivadas e treinadas podem incluir estagiários; a família dos funcionários, outras pessoas da casa e parceiros domésticos; e funcionários de prestadoras de serviços que trabalham de forma permanente ou freqüente na empresa.

As pessoas responsáveis pela motivação e pelo treinamento podem incluir, além dos executivos e funcionários da empresa encarregados do ambiente, representantes de órgãos ambientais do governo; cientistas, engenheiros e inventores; representantes de organizações ambientalistas, sindicatos e associações de consumidores; representantes de empresas produtoras de tecnologias ambientais; artesões que exercem sua profissão de forma ecologicamente correta e possam fazer demonstrações práticas; e personalidades públicas e celebridades que tenham condições de falar sobre princípios ecológicos ou sobre seu próprio compromisso ecológico e, dessa forma, dar o exemplo.

As percepções, idéias e valores a serem transmitidos foram descritos anteriormente. As percepções básicas não são difíceis de entender, e transmitem uma forma nova e estimulante de ver o mundo. Quanto mais elas forem entendidas e aceitas por todos os funcionários, tanto mais forte será a motivação coletiva para fazer negócios de forma ecologicamente correta.

No decorrer da última década, uma grande variedade de *métodos de treinamento e motivação* foi aplicada com sucesso, tanto na Europa como nos Estados Unidos. Os exemplos relacionados abaixo devem permitir a cada empresa selecionar os métodos mais adequados à sua própria cultura.

Difusão de informações

Quadros de avisos, jornais internos, material circulado, biblioteca ecológica, relatórios periódicos e discursos em ocasiões especiais são canais eficazes para difundir informações ecológicas.

- Os *quadros de avisos* podem mostrar artigos da imprensa sobre o ambiente, informações sobre programas a serem transmitidos pelo rádio e pela televisão, e informações sobre medidas ecológicas dentro da empresa. Um "quadro de notícias ecológicas" especial poderia enfatizar o alcance dos objetivos da empresa nessa nova esfera.
- O *jornal interno* poderia ter uma coluna permanente sobre o meio ambiente e apresentar um número especial sobre o ambiente e números especiais sobre estilos de vida ecológicos (reciclagem, agricultura orgânica, ciclismo, etc.).
- O *material* sobre questões ambientais pode incluir materiais publicados pelo Worldwatch Institute, Greenpeace e outras organizações ambientais.
- Uma *biblioteca ecológica* especial poderia ter um acervo de livros, de revistas, de boletins, de quadros, de pôsteres, de *slides*, de fitas de vídeo e áudio.
- Os *relatórios periódicos* e os tradicionais *discursos para ocasiões especiais* proporcionam uma oportunidade ideal para relatar o que foi bem-sucedido e o que deixou a desejar na ad-

ministração ecológica da empresa, e para mostrar que ela é parte integrante da política empresarial.

Eventos sociais

Além dos discursos nas funções sociais tradicionais, podem ser idealizados eventos especiais para promover a consciência ecológica. Entre eles podem estar:

- Uma rifa ecológica nas festas do escritório, tendo uma bicicleta como prêmio principal, livros, fitas de vídeo e etc. de orientação ecológica, como prêmios menores
- Excursões de bicicleta ou caminhadas campestres para os funcionários
- Visitas a "vitrines" ecológicas: casas de demonstração, empresas eficientes, instalações de energia alternativa, e assim por diante
- Dias de visitação pública para que os funcionários, seus familiares, sócios e amigos assistam a demonstrações das práticas ecológicas da empresa
- Uma festa para os funcionários, seus familiares e amigos, com o objetivo de difundir a consciência ecológica.

Os dias de visitação pública, as festas para crianças e outros eventos serão particularmente eficazes se forem também convidados os moradores das vizinhanças. Sobretudo nas pequenas comunidades, uma atitude dessas será muito benéfica para a imagem pública da empresa e poderá atrair repórteres da imprensa local.

Participação dos funcionários

Todas as pessoas de uma empresa devem estar interessadas e encarregadas de pensar em medidas ecológicas redutoras de custos, e os acertos devem ser recompensados. Antes do início de cada ano fiscal, o pessoal designado, em cada departamento, deve elaborar uma lista de objetivos ecológicos realistas para o ano. Esses objetivos devem ser cuidadosamente discutidos antes de serem formalizados, para verificar se são congruentes com a filosofia da empresa e os objetivos do departamento. As listas de verificação nos Capítulos 7-10 ajudarão a elaborar a lista de objetivos.

Deve-se tomar cuidado especial no sentido de assegurar que os objetivos econômicos e ecológicos sejam formulados com o mesmo grau de meticulosidade, e que os funcionários procurem atingi-los com o mesmo grau de empenho. Pode-se pensar na possibilidade de fazer periodicamente entrevistas e relatórios de progresso, bem como considerar a importância de substituir a monitorização hierárquica pela automonitorização, para aumentar o envolvimento dos funcionários e a satisfação com o trabalho.

Os membros dos círculos de qualidade — nos quais os funcionários dão sugestões de melhorias num clima criativo, sem levar em conta níveis hierárquicos — devem ser incitados a abordar questões ecológicas. A consciência ecológica é parte integrante da consciência de qualidade.

Incentivos

Em qualquer programa de incentivo, é preciso tomar muito cuidado para assegurar que os critérios em que se baseiam as recompensas sejam definidos com clareza e aplicados com imparcialidade. Entre os incentivos especiais para medidas ecológicas podem estar:

- Abono para quem atingir ou superar objetivos ecológicos, estipulado de tal forma que não seja possível compensar o desempenho ecológico abaixo da meta com desempenho econômico acima do alvo, e vice-versa.
- Um plano de gratificação pelo qual o abono por atingir objetivos econômicos seja reduzido, a menos que também sejam atingidos os objetivos ecológicos
- Um plano de sugestões para medidas ecológicas da empresa, que dê aos funcionários uma participação nos montantes economizados graças às sugestões apresentadas
- Recompensas não-monetárias por sugestões ecológicas que não representem ganho monetário
- Incorporação do desempenho ecológico e do desempenho econômico aos critérios de promoção da empresa

Reconhecimento

O cenário mais adequado para a expressão de elogios, agradecimentos e reconhecimento pela demonstração de consciência ecológica são as ocasiões públicas e as funções sociais tradicionais. Os funcionários que se sobressaíram podem receber prêmios especiais nessas ocasiões. Deve-se estar atento para recompensar da mesma forma desempenhos excepcionais na esfera ecológica e em campos tradicionais. Descrições de cargos e critérios de remuneração e promoção devem ser reformulados para dar crédito à participação eficaz em eco-equipes e outros projetos de cunho ecológico.

Os funcionários que se destacaram por ter iniciado ou implementado medidas ecológicas também podem ser indicados para prêmios concedidos por organizações externas. Ademais, um trabalho eficaz de relações públicas deve assegurar que os relatórios sobre as atividades ecológicas da empresa apareçam na imprensa, para dar aos funcionários a sensação de reconhecimento e fortalecer o espírito de equipe.

Apoio a projetos ecológicos externos

Para suscitar o apoio dos funcionários a projetos ecológicos externos à empresa, pode-se criar um fundo ambiental, constituído de pequenas contribuições voluntárias dos empregados (iguais ou inferiores à contribuição da empresa). O fundo deve ser administrado em conjunto pelos funcionários e pela administração.

Pense na possibilidade de permitir que organizações ambientalistas usem instalações especializadas da empresa (tais como redes especializadas de informações) ou possam recorrer às habilidades dos funcionários. Os funcionários seriam remunerados pela assistência dada a projetos ecológicos.

Ampliação do treinamento

Todos os programas de treinamento da empresa precisarão ser ampliados de modo a incluir uma dimensão ecológica. Isso é particularmente importante no treinamento de funcionários novos, que tendem a ser particularmente receptivos a idéias ecológicas e, sendo a nova geração, moldarão a sociedade do futuro. É preciso instaurar e manter um exato equilíbrio entre efeitos econômicos e ecológicos, em todos os aspectos do programa de treinamento. Em particular, é preciso cortar pela raiz a concepção errônea que considera o componente ecológico como o caminho mais fácil. É preciso deixar claro desde o início do programa que a complexidade das interligações ecológicas apresenta dificuldades mas, ao mesmo tempo, a solução dos problemas ecológicos é particularmente gratificante.

Se a empresa mantiver programas importantes de treinamento interno ou participar de programas comunitários de educação de adultos e educação permanente, será mais fácil equilibrar o ensino convencional e o ecológico.

- O treinamento ecológico não deve degenerar num curso separado, sem ligações evidentes com o treinamento ocupacional: ele precisa ser um aspecto essencial dos cursos normais de treinamento.
- Os componentes ecológicos dos cursos regulares não devem ser reunidos em "unidades de aprendizado" isoladas. É preciso que os funcionários estejam cientes das conseqüências ecológicas de todas as etapas do trabalho, e recebam treinamento prático de forma a otimizar os aspectos ecológicos de cada etapa.
- É preciso integrar os componentes ecológicos em duas dimensões: horizontalmente, assegurando que todos os aspectos operacionais sejam considerados do prisma ecológico; e verticalmente, assegurando que cada etapa ou processo do trabalho num determinado setor seja avaliado do ponto de vista ecológico.
- É preciso dar atenção especial ao treinamento dos instrutores, em particular dos operários especializados (mestres, oficiais), que muitas vezes combinam honestidade, orgulho pela profissão e um forte senso de responsabilidade.
- Aproveite integralmente os serviços oferecidos pelas instituições existentes — representantes de organizações ambientais, cursos de extensão universitária sobre meio ambiente e de ou-

tras instituições de educação de adultos, cursos por correspondência, etc.

A organização do gerenciamento ecológico

Muitas empresas grandes criaram departamentos de administração ambiental. Esses departamentos, em geral, subordinam-se ao escalão imediatamente abaixo do executivo principal, cabendo-lhes a responsabilidade de levar a efeito as políticas adotadas pela alta direção. Isso lhes confere uma posição hierárquica adequada para receberem a devida atenção dos gerentes de linha. No entanto, alguns analistas organizacionais acreditam que grandes departamentos de linha também deveriam ter seu próprio especialista, e que às vezes essa é uma forma mais eficaz de introduzir mudanças.

Algumas companhias utilizam "comitês técnicos" cujos membros são recrutados de todos os departamentos como forma de garantir que as questões ecológicas sejam consideradas em toda a empresa; esses comitês devem ter caráter permanente, reunir-se regularmente e elaborar relatórios periódicos. Parece que a cultura empresarial determina qual é o melhor arranjo para cada empresa. O objetivo permanece inalterado: difundir atitudes ecológicas pela empresa toda de maneira coordenada.

O papel e os deveres dos gerentes ecológicos devem ser claramente definidos e bem divulgados na empresa. Uma boa parcela do trabalho desses gerentes será feita em colaboração com representantes de muitos departamentos de vários níveis da empresa; às vezes são formados comitês consultivos, cobrindo todas as áreas da empresa, para dar assessoria ao gerente ecológico. Alguns componentes básicos desse cargo incluem a responsabilidade por:

- Gerenciar programas para minimizar as emissões de resíduos e cumprir os regulamentos
- Gerenciar programas para minimizar o uso de energia e água. Ajudar a coordenar a conversão para produtos mais aceitáveis ecologicamente

- Elaborar balanços patrimoniais que estimem, da forma mais quantitativa possível, os benefícios e custos dos programas ecológicos dentro da empresa
- Acompanhar o desenvolvimento do pensamento ecológico e das políticas ambientais governamentais, comunicando prontamente suas implicações para a empresa
- Acompanhar a disponibilidade de novos produtos, para abastecimento da empresa, que sejam menos ecologicamente danosos do que os usados no presente
- Encarregar-se do contato com sindicatos sobre questões ecológicas
- Participar de comitês ecológicos na comunidade e fazer recomendações sobre a posição e as ações da empresa relativamente a questões de interesse público
- Executar programas de informação e treinamento dentro da empresa, incluindo reuniões para instruir os empregados e obter retorno destes, fazer visitas a instalações, etc.
- Representar a empresa e suas políticas ecológicas junto à comunidade, a bio-região e o mundo exterior em geral.

Naturalmente, é fundamental que os gerentes ecológicos disponham das verbas e de outros recursos necessários para a execução dessas tarefas. Um segundo requisito é que, na eventualidade de surgirem desacordos entre o gerente ecológico e os departamentos de linha, eles sejam solucionados sem tardar. (A alta direção precisa reconhecer que conflitos desse tipo costumam ser um sinal positivo, indicando que o gerente ecológico está cumprindo a tarefa de levantar questões negligenciadas e tentar introduzir mudanças.)

Estipular o orçamento da administração ecológica exige da alta direção difíceis julgamentos sobre os benefícios a longo prazo para a empresa, tanto interna como externamente, e para o mundo em geral. O investimento para fins ecológicos deve ser planejado em separado, fazendo-se uma avaliação periódica de seus efeitos. O orçamento para atividades ecológicas fora da empresa (filiação a associações, doações a organizações, apoio a programas de universidades ou outros programas de pesquisa, publicações, etc.) deve ser constituído à parte das verbas para relações públicas em geral.

Ao ser organizado um departamento de administração ecológica, é importante fazer um planejamento para que todos os departamentos, todas as subsidiárias e todos os subcontratantes ou fornecedores estejam dentro do alcance dos trabalhos de auditoria, pois somente dessa forma é possível obter informações precisas sobre o impacto das atividades da empresa.

Como conclusão da auditoria, é bom estipular metas e cronogramas muito específicos de melhorias ecológicas dentro da empresa — por exemplo, eliminar os riscos decorrentes de armanezamento ou manuseio de substâncias perigosas dentro de algumas semanas, reduzir o consumo de água em 20% dentro de seis meses, ou substituir determinados materiais problemáticos por outros menos prejudiciais dentro de 12 meses. Essas metas precisam ser comunicadas com clareza e firmeza a todos os envolvidos em sua consecução, e a consecução, por sua vez, deve ser devidamente reconhecida.

Algumas empresas, principalmente na Escandinávia, criaram o cargo de "ombudsman" ou "ombudsperson", encarregado de informar e representar os empregados fora dos canais administrativos e sindicais regulares. A instituição dessa função, que em matéria de ecologia normalmente é exercida por funcionários com tendência a apontar as falhas que vêem, pode contribuir para a estabilidade da empresa e de sua imagem pública, na medida em que infunde confiança aos funcionários, à comunidade vizinha e aos órgãos reguladores.

Expressão: política de propaganda, critérios de projeto de produtos, imagem pública

O contexto sócio-psicológico em que as empresas operam atualmente sofreu pronunciadas alterações em função da ampla familiaridade do público com as idéias ecológicas. É o caso da Europa ocidental, da América do Norte e do Japão. As ecocatástrofes, como o vazamento de óleo do Valdez, são noticiadas com imagens que os modernos meios de comunicação transmitem ao mundo todo; elas dão origem a períodos passageiros de desaprovação máxima das empresas e seus executivos. O desmatamento, a poluição da água e do ar e problemas de infiltração do solo levaram o público a conceituar a indústria de forma extremamente negativa, percebendo-a como irresponsável ou indiferente para com o ambiente, e assim, indiretamente, para com as pessoas e seus filhos.

Essa situação propõe novos problemas para as empresas em relação à forma como elas se apresentam ao mundo. As técnicas de divulgar "controle de danos" na mídia não se mostraram particularmente eficazes; 25% dos consumidores americanos declaram ter mudado suas preferências de compra devido a impressões negativas de determinadas empresas. Assim, muitas empresas têm buscado formas positivas de se projetarem. Vários setores, procurando justificar práticas que foram criticadas, criaram organizações de relações públicas de porte respeitável. Um bom número de empresas tentou mostrar-se sob uma luz mais favorável fazendo doações a grupos de ambientalistas, embora essa atitude possa ter o efeito oposto ao desejado, caso os grupos beneficiados fiquem com a imagem de comprometidos ou de dependentes. Outras destinaram verbas de pesquisa ou relações com a comunidade para a solução de problemas ecológicos específicos.

Essas medidas, desde que executadas com honestidade, provavelmente ajudam a abrandar a crítica direta do público e a pressão política por regulamentação; ainda não se sabe se elas terão efeitos sobre opiniões mais arraigadas da população. No entanto, como essas medidas são de natureza "cosmética" e não afetam substancialmente o impacto real das operações das empresas sobre o ambiente, elas não constituem um ajuste realista nem suficiente, a longo prazo, para mudar as condições sociais. Para tanto, serão essenciais as mudanças nos fatores operacionais técnicos, objeto das eco-auditorias, incluindo mudanças no processo de projeto de produtos.

Desde o período posterior à Segunda Guerra Mundial, o projeto de produtos nas empresas americanas tem sido determinado, em grande parte, pelos departamentos de vendas; os aspectos decorativos ou estilísticos das mercadorias ficam em primeiro plano, tanto no projeto como na publicidade. Considerações tais como sofisticação de engenharia, confiabilidade, durabilidade e possibilidade de conserto rece-

Fig. 5. Exemplos de eco-rótulos de produtos

beram mais ênfase por parte de produtores estrangeiros, principalmente os japoneses; a reação favorável do consumidor fica evidente nas dimensões do déficit comercial dos Estados Unidos. Apenas recentemente as empresas começaram a dar atenção a critérios ecológicos no projeto de produtos, e isso sobretudo na Europa ocidental.

Um grande número de consumidores americanos já está procurando certificar-se de que os produtos que compram são os menos danosos possíveis do ponto de vista ecológico: papel reciclado, utilidades domésticas com baixo consumo de energia, e assim por diante. Essas demandas ainda não foram significativamente assimiladas pelos projetistas. No entanto, é provável que, nos próximos anos, as empresas cujos produtos privilegiam a "segurança ecológica", o baixo impacto e a vida útil de uso confiável terão a nítida preferência de uma grande parcela dos consumidores, simplesmente devido à difusão de idéias e estilos de vida "conservacionistas".

Ademais, esse processo será acentuado à medida que a eco-rotulação de produtos, originada na Europa ocidental, propagar-se para outros países adiantados. Os eco-rótulos, devido aos símbolos específicos impressos nas mercadorias (ver Figura 5 abaixo), vão cada vez mais levar o consumidor a comprar produtos menos danosos. Esses rótulos informam que um produto (comparado com produtos semelhantes) é, por exemplo, feito de materiais reciclados, consome menos energia ou água, gera menor poluição do ar ou da água, é menos barulhento, seu uso ou descarte não representam perigo de contaminação, ou é livre de tóxicos como cloro ou chumbo. (Para maiores detalhes, ver Callenbach 1990.)

É provável, portanto, que as políticas de propaganda também precisem ser adaptadas às condições em mudança. A publicidade de "imagem" precisará tornar-se cada vez mais específica e concreta, para afastar o ceticismo crônico do público, alimentado pelas constantes reportagens da mídia sobre a área ambiental. A publicidade de produtos deve enfatizar (1) a satisfação duradoura, e não transitória, do comprador; (2) a atratividade do custo da vida toda dos produtos, em vez do simples custo inicial (ignorando os custos operacionais ou de descarte); (3) a competitividade em termos de confiabilidade, durabilidade e ausência de problemas, no lugar da atratividade emocional inicial; (4) as possibilidades de reutilização e/ou de reciclagem dos produtos e seus invólucros; e (5) o baixo impacto ecológico da manufatura, distribuição, uso e descarte dos produtos. Assim, a "ecopublicidade" deverá levar em conta todo o ciclo de vida de um produto, ou seja, produção-uso-descarte, em vez de concentrar-se basicamente na excitação do momento da compra.

6

A empresa como um sistema vivo: um quadro de referência para organizar o gerenciamento ecológico

No restante deste livro, apresentaremos um quadro de referência pormenorizado e coerente para a prática da eco-auditoria. Uma auditoria ecológica (conforme é explicada no Capítulo 4) é o exame e a revisão das operações de uma empresa, da perspectiva do novo paradigma. A empresa é entendida como um sistema vivo, e a teoria dos sistemas vivos é aplicada tanto à conceituação da auditoria como à administração como consciência ecológica (sistêmica). Portanto, vamos começar revendo algumas características destacadas dos sistemas vivos.

O pensamento sistêmico (conforme foi descrito no Capítulo 4) envolve uma mudança de percepção, dos objetos para as relações, das estruturas para os processos, dos elementos de construção para os princípios de organização. Os sistemas vivos são todos integrados, inseridos em conjuntos maiores, dos quais dependem. A natureza de todo sistema vivo deriva das relações entre suas partes componentes e das relações do sistema todo com seu ambiente.

O princípio básico da organização, característico de toda vida, é o princípio da auto-organização (Capra 1982). Isto significa que a ordem e o funcionamento de um sistema vivo não são impostos pelo meio, e sim estabelecidos pelo próprio sistema. Em outras palavras, os sistemas auto-organizados exibem certo grau de autonomia. Os administradores de orientação sistêmica estão bem conscientes deste fato, reconhecendo a lógica e a emocionalidade próprias da empresa e tentando influenciar o sistema, em vez de controlá-lo.

A teoria dos sistemas auto-organizados diferencia a estrutura de um sistema e seu padrão de organização (Maturana e Varela 1987, 47). O padrão de organização é a totalidade de relações que definem as características essenciais do sistema. Esse padrão pode ser descrito de forma abstrata, sem referência a energias, a substâncias físicas, a organismos e assim por diante, e sem usar a linguagem da física, da química ou da biologia. A estrutura de um sistema físico é a manifestação física de um padrão de organização. O mesmo padrão pode manifestar-se em diferentes estruturas físicas e biológicas, que são descritas na linguagem da física, da química e da biologia.

Essa importante distinção entre estrutura e padrão de organização nos fornece a ferramenta conceitual básica da eco-auditoria. Como a tarefa de uma eco-auditoria é minimizar o impacto ambiental de uma empresa, e como esse impacto diz respeito a processos ecológicos que envolvem energia, substâncias materiais, pessoas e outros organismos vivos, precisamos representar a empresa, um sistema vivo, em termos desses processos. Isso significa que estamos primordialmente interessados nos aspectos estruturais de uma empresa, ou seja, na manifestação física de seu padrão de organização.

O fluxo metabólico e o organograma

Para representar essas aspectos estruturais na forma mais conveniente para uma eco-auditoria, desenhamos um fluxograma representando o "metabolismo" de uma empresa-protótipo: a movimentação de materiais, de pessoas e de energia que vêm do exterior, atravessam a empresa e voltam para o exterior. Seja qual for o ramo de negócio — fabricação de mercadorias, prestação de serviços ou manipulação de informações — a empresa vai dar ingresso a alguma coisa, processá-la de várias formas e gerar produtos e sobras. Todas essas atividades são visualmente dispostas ao longo de um fluxo metabólico (como ilustra a Figura 6), que é suficientemente genérico para poder ser aplicado a empresas, independentemente de sua atividade principal.

Como as eco-auditorias tratam das conseqüências dos fluxos de material, de energia e de pessoas, é crucial, ao planejá-las e executá-las, pensar claramente nesse nível das realidades físicas da empresa e suas ligações com os fornecedores, a comunidade, o ambiente natural, e assim por diante. Os meios pelos quais esse metabolismo é coordenado e administrado são parte do padrão de organização da empresa, representado até certo ponto no seu organograma, embora este nem sempre corresponda às verdadeiras responsabilidades e funções das pessoas dentro de uma empresa.

Se o fluxograma representa o metabolismo da empresa, o organograma pode ser visto como representação do seu sistema nervoso. É desejável usar os dois tipos de quadros para organizar uma eco-auditoria. Ambos, juntos, proporcionam uma representação visual e facilmente compreensível da empresa. Mostram toda a complexidade da estrutura de uma empresa e suas relações com o meio social e natural, de forma que o planejamento da eco-auditoria não omita aspectos críticos das operações da empresa.

O gerenciamento ecológico da organização viva

Tanto a tradicional auditoria de cumprimento como a eco-auditoria mais abrangente fazem uso de listas de verificação ou protocolos sistematizados para nortear as investigações das atividades de uma empresa. Essas listas evoluíram no decorrer da última década, ou um pouco mais, de uma forma um tanto desorganizada, de modo que uma das metas essenciais deste livro foi tratar com mais rigor lógico a elaboração das listas de verificação.

Recorremos ao trabalho bem adiantado na Alemanha, em especial o de Georg Winter, mas também à prática norte-americana; e ampliamos muitas dessas listas por nossa própria conta. (Para avaliar algumas operações técnicas, são empregadas listas de verificação consideravelmente mais pormenorizadas.) Não se pode pretender que qualquer conjunto de listas de verificação seja totalmente exaustivo;

Fig. 6 Quadro metabólico simplificado de uma empresa-protótipo

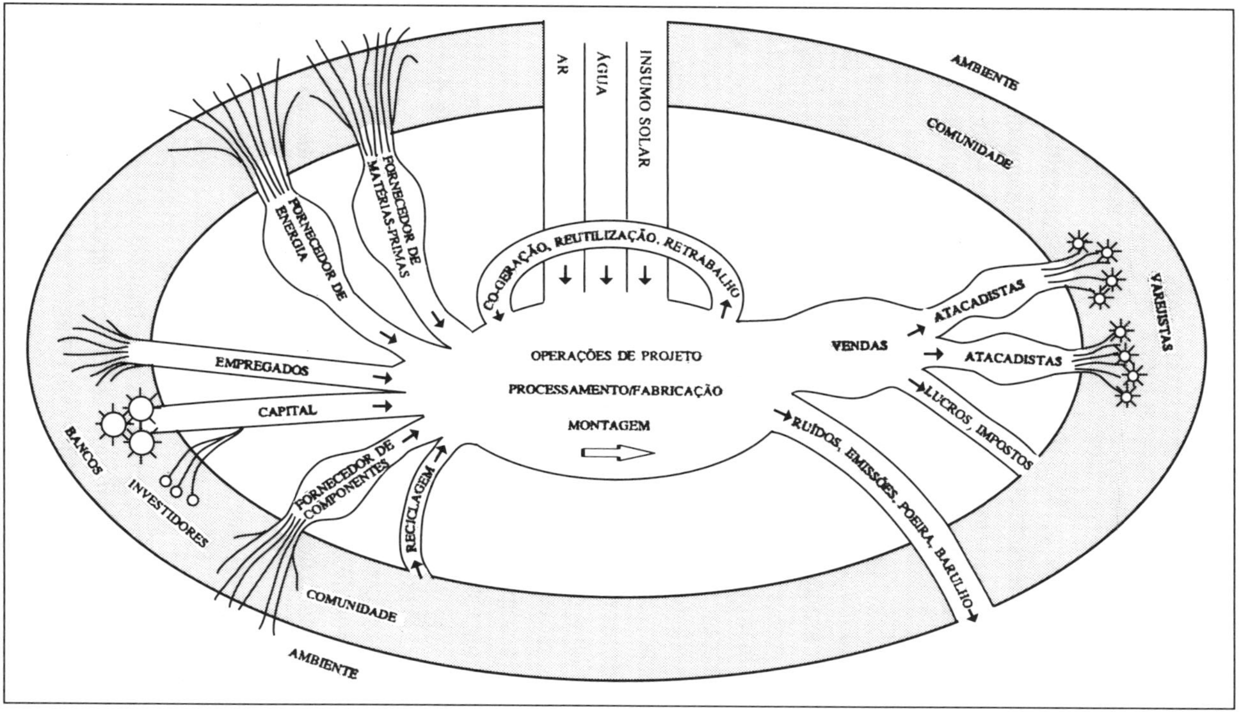

Janice Baker

contudo, acreditamos que o uso das listas aqui incluídas assegurará que nenhum aspecto ecológico significativo das operações de uma empresa seja ignorado. A seleção das listas que a empresa decida usar ou aproveitar de alguma forma depende, naturalmente, de fatores intrínsecos àquela empresa em especial, e mudará com o passar do tempo.

As listas de verificação dos capítulos seguintes foram organizadas para serem usadas em conjunto com o fluxograma metabólico (ver Figura 6). Um primeiro grupo de listas de verificação está associado a **Fluxos de entrada: energia e materiais** (Capítulo 7). Aqui, tratamos de fluxo de entrada de energia e as possíveis formas de minimizá-los, e de administração de materiais, incluindo as relações com subcontratantes ou fornecedores, cujas atividades muitas vezes provocam a maior parte do impacto de uma empresa sobre o ambiente.

Um segundo grupo de listas de verificação trata de **Projeto, processamento e fabricação** (Capítulo 8). Os fatores, aqui, são o projeto de produtos com critérios "ecofavoráveis", incluindo durabilidade, uso sustentável de matérias-primas, testes éticos de produtos, minimização do lixo de embalagens e assim por diante. Aqui, também, os fatores têm relação com os processos de manufatura em si e com a reciclagem, tanto dentro da empresa como depois que o consumidor descarta os produtos.

Em seguida, passamos para **Fluxos de saída: vendas, marketing, resíduos e emissões** (Capítulo 9). Aqui as listas enfocam publicidade, promoções e outras práticas de marketing e sistemas de distribuição. Como os resíduos e emissões também são uma forma de saída, são aqui incluídos meios de identificá-los e minimizá-los. Alguns resíduos, naturalmente, podem ser recuperados para reutilização ou venda, formando uma curva de retorno no quadro metabólico (ver Figura 6).

O dinheiro, sob a forma de lucros ou investimentos da empresa, também pode ser pensado como um fluxo de saída; entretanto, nós o incluímos no grupo final de listas de verificação, que tratam de **Finanças, recursos humanos e outras estruturas de apoio** (Capítulo 10) que embasam e afetam todos os aspectos do fluxo metabólico. O tratamento dado às questões financeiras pode ter implicações ecológicas; assim, elas são abordadas aqui, juntamente com questões relativas a seguros. Em seguida, passamos a considerar o local de trabalho, não apenas as condições físicas de trabalho, como segurança, barulho e iluminação, mas também organização do trabalho, refeitórios e relações humanas — fatores que constituem o hábitat de uma empresa.

Outras estruturas de apoio envolvem o transporte de materiais e pessoas de e para a empresa, o projeto e a administração das instalações da fábrica e do escritório (incluindo o paisagismo ecologicamente favorável) e o planejamento em casos de emergência. Devido ao grande número de negócios que atualmente envolvem relações internacionais, fornecemos aqui uma lista de verificação especial para critérios ecológicos e sociais.

Em todas essas listas — algumas são listas de fato, outras estão em forma narrativa — abordamos freqüentemente questões de implementação. Também damos sugestões, no Capítulo 11, sobre a forma de determinar prioridades numa eco-auditoria e de fazer o planejamento de uma auditoria completa. Classificamos as prioridades de ação de acordo com vários parâmetros: considerações de ordem empresarial, ecológica, de pessoal e organizacionais, humanas e psicológicas. Não é preciso dizer que esses diferentes tipos de considerações podem conflitar entre si, impondo a necessidade de tomar difíceis decisões no tocante à determinação de prioridades.

7

Fluxos de entrada: energia e materiais

Lista de verificação nº 1

Energia

Os custos de energia podem afetar decisivamente a competitividade. Examinar a forma como se administra a energia pode, às vezes, gerar idéias novas para otimizar o processo de manufatura.

1. Incorporar uma equipe de energia na estrutura da empresa

A. Forme um grupo de projeto (pense na possibilidade de incluir funcionários escolhidos aleatoriamente, voluntários ou pessoas nomeadas em turnos) com funcionários de produção, planejamento, compras e pessoal. Certifique-se de que a função desses funcionários no grupo passe a constar de sua descrição de cargo.

B. Se a empresa for grande, pense na hipótese de ter outros monitores do projeto de energia responsáveis por determinadas áreas, locais de trabalho, oficinas ou departamentos.

C. Programe reuniões entre a alta direção, o grupo de projeto e um especialista em energia que possa ajudar a orientar a discussão sobre determinados tópicos.

2. Adquirir informações sobre energia

A. Pesquise e colete informações sobre importantes tecnologias ou produtos poupadores de energia.

B. Alternativas de *brainstorm*; realize seminários intensivos educativos para obter sugestões dos funcionários.

C. Faça uma auditoria modelar sobre energia:

- Averigúe quais departamentos da empresa consomem mais energia elétrica ou térmica e apure os custos.
- Calcule o custo total de energia adquirida de fontes externas.
- Discuta as possíveis economias financeiras e os efeitos potenciais, principalmente os benefícios, para os funcionários, das medidas de redução propostas. Mostre claramente, para a alta direção e os departamentos financeiros, a economia financeira.
- Centralize a coleta e a revisão de dados de auditoria periodicamente.

D. No momento oportuno, obtenha idéias novas, formule novos objetivos e considere novas tecnologias para reduzir o consumo de energia.

3. Implementar medidas de energia de curto prazo

A. Considere a possibilidade de fazer mudanças de pequena escala no local de trabalho, por exemplo: instalar reguladores de temperatura, guarnecer os dutos de água quente com isolamento adicional, limpar freqüentemente a superfície dos permutadores de calor e dos filtros de condicionadores de ar para obter a máxima eficiência, etc.

B. Instale equipamento de monitorização de última geração, quando economicamente viável.

C. Use permutadores de calor para recuperar o calor de descarga, e considere a possibilidade de fazer recircular o calor de descarga nos processos de produção ou geração de eletricidade.

D. Determine temperaturas adequadas para a água usada na empresa, para reduzir o consumo contínuo de energia.

4. Implementar medidas de conservação de longo prazo

A. Verifique se são necessárias grandes quantidades de energia para a fabricação:

- Requisitos de energia por horas de trabalho.
- Requisitos de energia por unidade de produto.

B. Verifique se o consumo, o uso e a manutenção por parte do usuário envolvem elevado consumo de energia ou poluição de ar, água ou solo.

C. Verifique se os materiais usados no produto permitem que ele seja facilmente integrado aos ciclos ecológico e de matérias-primas. Dê atenção especial ao seguinte:

- Requisitos de energia para reciclagem (reutilização).
- Requisitos de energia para despejo de lixo.

D. Otimize o projeto eficiente do ponto de vista de energia, tendo em vista todos os estágios preliminares de produção e a energia necessária para o despejo. Lembre-se de que:

- Menos peso poupa energia.
- Os elementos de cerâmica melhoram o isolamento térmico.

5. Divulgar o progressos

A. Informe os funcionários dos resultados num relatório, e, periodicamente, nos boletins da empresa.

B. Demonstre, para grupos interessados fora e dentro do departamento, as economias de energia conseguidas.

C. Informe outras empresas e a mídia sobre as práticas bem-sucedidas.

> Como acontece com a redução no consumo de eletricidade, a economia de água transforma-se diretamente (e rapidamente) em economia de custos. Um prédio de escritórios de Boston gastou US$ 4.720 em ventiladores que acrescentam ar à água, para que os usuários não precisassem abrir muito as torneiras. Isso cortou o consumo de água em 4.2 milhões de galões num único ano, representando mais de US$ 18.000 em custos anuais de água e aquecimento de água. Os resultados vieram em apenas 3 meses.

Lista de verificação nº 2

Materiais

Os fluxos de matérias-primas são vitais para a economia global. Por conseguinte, a política, a tecnologia, a organização social, as atitudes, a economia e outros fatores de produção são, todos eles, essenciais para criar uma abordagem sistêmica à administração de materiais. Contribuições criativas de cientistas políticos, de pensadores globais e de outras pessoas serão valiosas para dar início a uma política responsável.

A chave da mudança está em criar recompensas para fornecedores e firmas responsáveis. A confiança e a lealdade entre os departamentos de compra e os subcontratantes são fundamentais para o sucesso do programa ecológico.

Como a eco-equipe de materiais estará envolvida com a formulação de políticas inovadoras, e para tanto pode ser necessário que os produtores internacionais promovam mudanças em larga escala, este grupo precisa de independência para desenvolver padrões apropriados para a empresa e seu ambiente. Ele também deve estar autorizado a entrar em rede com grupos semelhantes, e fazer com que os departamentos de compra incluam, nos contratos, os novos padrões desenvolvidos. Para assegurar o cumprimento, esse grupo também precisa estar autorizado a tomar medidas como mandar testar amostras de materiais em laboratórios de pesquisa externos, ou enviar fiscais para inspecionar locais de trabalho sem aviso prévio.

1. Levantamento de fatos

A. Colete informações sobre matérias-primas usadas pela empresa e seus fornecedores.

- Identifique os requisitos de materiais básicos para os processos de produção e os produtos atuais.
- Determine os locais de procedência dos materiais importados.
- Observe quaisquer problemas especiais no uso interno de materiais, tais como características perigosas ou danosas ao ambiente, sob várias condições possíveis.

- Identifique outras características dos materiais, tais como a economia com mão-de-obra.
- Faça o custeio em separado da água usada para diferentes finalidades, e a respectiva apropriação de custos.
- Assegure-se de que a empresa está cumprindo as leis federais, estaduais e municipais relativas a emissões, substâncias perigosas, e assim por diante.

B. Colete e avalie as informações dadas pelos fornecedores sobre todos os materiais adquiridos deles.

- Obtenha pormenores sobre processos de produção específicos, por exemplo:
- Processos de banho curto ou longo na indústria têxtil.
- Processos econômicos de lavagem em galvanoplastia.
- Processo de bissulfeto de magnésio no lugar de bissulfeto de cálcio na fabricação de papéis.
- Solicite pormenores sobre problemas ecológicos especiais decorrentes do despejo, ou reconcentração na biosfera, litosfera, etc.
- Colete detalhes sobre poluentes durante o uso, por exemplo, volume de poluentes e níveis de emissão. Um funcionário deve acompanhar as modificações na legislação que trata da liberação de substâncias no ar e na água (ver Lista de verificação nº 7, Resíduos e emissões).
- Peça informações sobre itens tais como:
- Efeitos ambientais de matérias-primas alternativas.
- Materiais e economias de mão-de-obra dos substitutos.
- Condições do local de trabalho em fábricas, minas.
- Averigúe independentemente a confiabilidade da informação dos fornecedores, e verifique sua política de negócios, situação econômica, eficiência de transporte, etc.

C. Solicite e catalogue idéias de indústrias, entidades ambientais sem fins lucrativos, laboratórios de pesquisa, jornais ecológicos e, quando adequado, dos departamentos de engenharia, pesquisa e desenvolvimento da empresa.

D. Centralize as informações sobre produtos alternativos, substitutos de matérias-primas e novas tecnologias; coloque essas informações à disposição de todos os funcionários, mesmo os que não integram a eco-equipe de materiais.

E. Em reuniões periódicas, faça *brainstorm* sobre padrões ideais e contratuais para metas ambientais e sociais básicas. Recomendamos enfaticamente a participação de consultores externos.

2. Adotar estratégias e práticas ecológicas

A. Melhore a estocagem interna de matérias-primas.

- Etiquete todas as substâncias perigosas, e restrinja o acesso a elas.
- Empregue princípios ecológicos no projeto e manutenção das instalações de estocagem, por exemplo:
- Empilhadeiras com reduzida emissão de gás de escapamento.
- Contêineres reutilizáveis.

B. Instale equipamentos avançados.

- Use equipamentos de pintura modernos.

C. Aumente a eficiência.

- Use catalisadores e conversores para aumentar o rendimento das matérias-primas ou reduzir as emissões.
- Use quantidades mínimas de água para resfriamento.
- Instale tecnologia de último tipo para medição e controle automáticos.
- Para monitorizar o uso de água, instale termômetros, válvulas de expansão e redutores de fluxo.
- Substitua a água dos lençóis freáticos por água da chuva, se possível.

D. Recuperar/reciclar.

- Recupere sempre metais pesados, ácidos e solventes orgânicos.
- Idealize técnicas para facilitar a recuperação de matérias-primas (por exemplo, não misture substâncias; em processos por via úmida, diminua a qualidade de água de lavagem e enxágüe).

- Recicle a água de lavagem e enxágüe.
- Recicle, recircule ou reutilize substâncias úteis como efluentes, ou converta-as em outros produtos úteis.
- Separe e reprocesse a água de esgoto industrial.
- Use água negras nas descargas de vaso sanitário.

> À proporção que a água de alta qualidade se torna mais escassa, a redução de seu uso nos processos industriais vai compensar cada vez mais. Fazendo recircular a água, a Gillette reduziu o uso de água, na fabricação de lâminas de barbear, de 730 milhões para 156 milhões de galões por ano — poupando cerca de US$ 1,5 milhão nos custos anuais com água e esgotos.

E. Substitua materiais perigosos por materiais menos perigosos.

- Substitua os revestimentos de cádmio por zinco.
- Use de preferência carvão de baixo enxofre em vez de carvão de alto enxofre.
- Substitua o amianto no revestimento interior de freios e acoplamentos.
- Substitua os hidrocarbonetos clorados nos solventes para limpeza a frio.
- Substitua os transformadores com bifenila policlorada.

F. Aumente a eficiência dos transportes internacionais, nacionais e entre empresas.

- Otimize os trajetos e programações de entregas para evitar desperdício de recursos.
- Dê preferência a sistemas de transporte com custos ambientais reduzidos.

3. Administração de componentes

- Faça um inventário dos componentes.
- Catalogue os componentes de todos os produtos manufaturados e, até onde for possível, não violando o segredo industrial, dos produtos de fornecedores.
- Verifique se os componentes podem ser reciclados:

- Transformadores que contenham bifenila policlorada requerem condições especiais de despejo.
- Lâmpadas fluorescentes contêm metais perigosos e devem ser cuidadosamente devolvidas ao fabricante.

4. Negociação com fornecedores

A. Especifique os novos padrões ecológicos e de local de trabalho nos contratos com fornecedores e subcontratantes; comunique-lhes a estratégia ou missão da empresa.

B. Ao negociar contratos, pormenorize circunstâncias excepcionais, tais como repressão política ou flagrante desrespeito nacional aos direitos humanos, que tornariam uma região ou nação inaceitável aos olhos da sua empresa.

C. Dê preferência a fornecedores e subcontratantes que obedeçam os seus novos padrões e cronogramas, e demonstrem disposição em negociar objetivos de mais longo prazo.

> As lâmpadas fluorescentes compactas duram cerca de 10.000 horas (contra 750 horas da lâmpada comum) e consomem cerca de um quarto da eletricidade para produzir a mesma quantidade de luz. Como as lâmpadas não são trocadas com freqüência, há uma significativa economia de custos com mão-de-obra, além de grande economia de custos de energia. Se os fornecedores locais não puderem fornecer-lhe lâmpadas e informações, entre em contato com o programa "Green Lights" da Agência americana para o ambiente (Global Change Division, EPA), 401 M Street, SW, Washington, DC 10460. Tel. (202) 382-4992.

5. Implementar estratégias e práticas ecológicas mais avançadas

A. Estimule os mercados de novas tecnologias sustentáveis e a diminuição de processos de produção danosos ao ambiente.

- Na mineração, por exemplo, dê preferência a fornecedores que empreguem processos integrados de reaproveitamento de águas servidas, contróle de erosão, restauração de hábitat.

- Na agricultura, dê preferência aos fornecedores que praticam o biocontrole, usam uma quantidade mínima (se usarem) de fertilizantes e pesticidas artificiais, e assim por diante.
- Dê preferência aos fornecedores que usam combustível e energia alternativos, ou transporte que seja menos prejudicial ao ambiente.
- Incentive as tecnologias e processos que fomentem a inovação tecnológica e a sustentabilidade a longo prazo.

B. Independentemente, comprove se os objetivos do contrato estão sendo atingidos pelos subcontratantes.

- Considere a possibilidade de exigir conhecimentos de embarque, atestados (se o local de procedência for obscuro), certificados de liberação, resultados de análises de qualidade.
- Faça com que os departamentos de engenharia ou de pesquisa e desenvolvimento da empresa, bem como laboratórios independentes, analisem materiais perigosos e contaminadores e avaliem alternativas.

C. Forme cooperativas de compra com empresas similares para estimular o mercado de produtos ambientalmente responsáveis.

8

Projeto, processamento e fabricação

Lista de verificação nº 3

Projeto e desenvolvimento de produtos

Para que ocorram mudanças ambientais de longo prazo, é preciso introduzir o pensamento ecológico nos estágios de projeto e desenvolvimento da produção. Se a firma for suficientemente grande a ponto de ter gerentes para cada linha de produto, faça com que eles se sintam significativamente co-responsáveis pelo impacto ambiental do seu produto.

Uma forma de fomentar a inovação no projeto de produtos é ter em mente o objetivo maior de serviço ou processo a que o produto se destina. Por exemplo, quando AT&T se redefiniu, não como uma empresa telefônica, mas como integrante do setor de comunicação, abriram-se milhares de opções de produtos e serviços, do correio falado ao vídeo. A Volkswagen se vê como integrante do setor de transportes, não exclusivamente como uma fabricante de carros. O fato de considerar o processo, e não o produto, pode ampliar o quadro de referência conceitual do desenvolvimento de produtos e gerar novas idéias para atender ao cliente, tornando mais fácil, aos mesmo tempo, a mudança ou o abandono de determinados produtos ecologicamente incorretos.

Dê atenção, sobretudo, ao desenvolvimento de novos produtos utilizando subprodutos das operações atuais. Isso pode eliminar os resíduos e criar produtos com enormes economias de custo, tanto do ponto de vista de matéria-prima como do despejo de resíduos (ver Lista de verificação nº. 4, Fabricação e produção).

1. Catalogar os produtos atuais para determinar quais deles podem ser aprimorados por projeto eco-favorável

A. Incorpore o raciocínio ecológico na avaliação do ciclo completo que abrange concepção, especificação, produção, uso, reutilização e descarte final do produto.

B. Pesquise possíveis e novos usos para produtos obsoletos.

C. Torne os novos produtos adaptáveis a previsíveis avanços da ciência e da tecnologia.

D. Projete peças que tenham múltiplos usos e sejam reutilizáveis em diferentes produtos. Para tanto, procure padronizar as peças usadas.

- Use os padrões ASA/DIN.

E. Torne possível o acréscimo de componentes, evitando a construção integrada.

F. Faça uma provisão técnica para o aumento da capacidade do produto, incluindo.

- Reservas de capacidade.
- Múltiplos conectores.

2. Projetar produtos com manutenção eficaz e durabilidade

A. Aumente a vida útil dos produtos.

B. Estoque os produtos não acabados para minimizar seu desgaste.

C. Projete produtos de forma a facilitar o conserto e a reciclagem das peças componentes.

D. Evite mudanças freqüentes de projeto com finalidades estilísticas ou mercadológicas; faça do projeto clássico e durável a sua marca distintiva.

E. Evite particularmente os produtos "descartáveis".

F. Procure encontrar meios de limitar a energia necessária para usar, manter e consertar os produtos.

3. Fazer uso ético e sustentável das matérias-primas no projeto

A. Dê preferência a materiais derivados de sistemas sustentáveis de produção (ou de produtos reciclados). Dê prioridade ao projeto de produtos que usem como matérias-primas os subprodutos dos atuais processos de produção da empresa.

B. Para facilitar a reciclagem, averigúe se as matérias-primas componentes podem ser reutilizadas ou recicladas, e quanta energia é necessária para esse processo.

C. Evite combinar materiais que sejam incompatíveis na futura reutilização ou reciclagem.

- Evite o uso de latas de alumínio com tampas de aço.
- Selecione cuidadosamente as tintas e corantes usados na impressão ao utilizá-los em produtos destinados à reciclagem.

D. Use menos matérias-primas por produto.

4. Teste de produtos

A. Estabeleça diretrizes para a questão de experimentos com animais.

- Substitua os estudos com animais vivos por modelos de computação ou cultura de células.
- Se o teste com animais vivos for essencial, dê instruções rigorosas para que os sujeitos dos testes recebam tratamento humano (por exemplo, procure criar alternativas para evitar "sacrifício" dos sujeitos do teste).

- Adote uma posição radical contrária aos testes com animais selvagens e, naturalmente, com espécies ameaçadas de extinção.

B. Para produtos aerodinâmicos, use simulações de computador ou experimentos para facilitar a eficiência do projeto.

C. Teste os produtos com uma diversidade de consumidores que irão usá-los, mesmo que seja com uma pequena amostra.

- Faça testes em função de diferenças entre homens e mulheres. (Os cateteres para ataques cardíacos, por exemplo, foram dimensionados para o corpo de homens.)
- Faça testes em função de diferenças entre grupos culturais. (Diferenças ou predisposições genéticas, restrições de dieta, tabus sociais e restrições religiosas estão entre os fatores que podem influenciar o uso apropriado dos produtos. Isto se aplica particularmente aos produtos comercializados internacionalmente.)
- Faça teste em função de diferenças entre grupos socioeconômicos, categorias de trabalho e níveis educacionais. (Turno noturno ou segundo turno diário, turnos de trabalho duplos, execução de trabalho braçal extremamente pesado, nível de instrução e aspectos tecnológicos, como refrigeração, telecomunicações e transporte eficiente estão entre os fatores que podem influenciar o uso apropriado dos produtos e sua eficácia.)
- Faça testes em função de orientação sexual, estilo de vida e capacidade física.

> Uma boa fonte de informações permanentes é *The Green Business Letter,* 1526 Connecticut Avenue, NW, Washington, DC 20036, telefone (800) 955-GREEN.

5. Na fase de projeto, procurar reduzir ou eliminar os materiais tóxicos, tanto dos produtos como dos processos de produção

A. Encontre substitutos adequados para corantes e preservativos perigosos para papel, tecido, lã, etc.

6. Projetar visando a saúde e o bem-estar do consumidor

A. Leve em conta, durante o projeto, a saúde dos clientes.

- Projete vestimentas que complementem as necessidades biológicas do corpo humano.
- Minimize ou elimine preservativos prejudiciais, gorduras, contaminadores residuais, etc. nos produtos alimentícios.

B. Crie produtos fáceis de usar; inclua instruções claras para minimizar o risco de acidentes e ferimentos, e prevenir o *stress*.

- Faça máquinas que forneçam o máximo de explicações sobre si mesmas.
- Use marcas de ícones nos botões de controle.
- Incorpore advertências sobre saúde ao projeto do próprio produto, na lateral de uma máquina, em etiquetas penduradas ou em contêineres.

C. Assegure o atendimento das pessoas que não se enquadram nos estereótipos normais de *marketing*, em termos de peso, capacidade física, fluência lingüística, instrução, etc.

7. Projetar para diminuir a desigualdade social, cultural e econômica

A. É antiético reforçar preconceitos baseados em raça, etnia, sexo e tendências sexuais, ao projetar e vender produtos.

B. Não faça do alto custo e da inacessibilidade a atração de venda dos produtos.

8. Respeitar as formas de vida e os ecossistemas

A. Evite o uso de produtos ou partes de animais selvagens que não vivem em cativeiro, principalmente de espécies em risco ou ameaçadas de extinção.

B. Considere alternativas para o uso de partes de animais como matérias-primas.

C. Com relação a plantas, evite dar apoio à exploração de espécies vegetais em risco ou ameaçadas de extinção, ou ao desmatamento/desfolhamento que coloca bio-regiões em risco.

D. Considere a possibilidade de lançar uma linha de produtos nobres que represente o auge do pensamento ecológico avançado.

E. Considere a possibilidade de usar temas ecológicos e preservacionistas na estampa de tecidos, em desenhos decorativos de produtos, etc.

9. Evitar embalagem que gera sobras

A. Determine se os fornecedores estão em condições de usar embalagens mínimas, retornáveis/recicláveis/organicamente degradáveis.

B. Use embalagens padronizadas, para otimizar o transporte e o espaço de estocagem.

C. Selecione material para embalagem que tenha o menor requisito de insumo de energia.

D. Projete a embalagem para que possa ser reutilizada, como outra embalagem ou com outra finalidade.

E. Colete papel e papelão para reciclagem.

F. Minimize o uso de plásticos, de polistireno; avalie a possibilidade de usar outros materiais biodegradáveis ou recicláveis.

G. Avalie a possibilidade de eliminar completamente as embalagens dentro de um prazo determinado e de adotar a política de recusar materiais recebidos de fornecedores que não tenham eliminado a embalagem.

Lista de verificação nº 4

Fabricação e produção

1. Instituir um grupo de levantamento de fatos e pesquisa

A. Analise os atuais processos e tecnologias de fabricação.

B. Proponha alternativas ecologicamente favoráveis a curto prazo.

C. Mantenha-se a par de inovações pertinentes (tecnologias que estão surgindo, novos processos e produtos) que melhorariam o desempenho ecológico e social da empresa a longo prazo, mesmo que sejam onerosos a curto prazo.

D. Certifique-se de que a empresa está cumprindo, ou superando, as normas vigentes de proteção ambiental.

2. Melhorar o desempenho ecológico dos sistemas e materiais atuais a curto prazo

A. Introduza aditivos e catalisadores que aumentem o rendimento das matérias-primas e/ou reduzam as emissões prejudiciais durante a fabricação.

B. Aumente a eficiência da energia, isolando, vedando ou protegendo de outra forma os equipamentos e materiais a serem usados em temperaturas altas ou baixas.

C. Verifique e conserte todos os vazamentos nos equipamentos atuais usados para circular ou armazenar gases e líquidos (por ex., válvulas, bombas, dutos, dispositivos de vedação).

D. Verifique periodicamente se os equipamentos de tratamento de poluentes funcionam de forma adequada e eficiente.

E. Diminua o nível de ruído através do isolamento, inclusive de máquinas, e de outros meios. (Forneça aos funcionários protetores de ouvido confortáveis contra o barulho.)

F. Reduza as vibrações geradas pelos equipamentos.

G. Torne prioritária a segurança dos empregados.

- Ministre aos funcionários treinamento básico em primeiros socorros, perigos no ambiente de trabalho, etc.
- Disponha em locais convenientes o equipamento e os postos de primeiros socorros (ex.: colírio, chuveiros).

- Monitore as queixas dos funcionários sobre seu estado de saúde para detectar logo no início indícios de contato perigoso e tóxico.
- Providencie análise de amostras de sangue e urina de funcionários, para verificar se contêm produtos químicos perigosos e tóxicos.

3. Aprimorar e reprojetar a produção permanentemente, visando benefícios de longo prazo

A. Substitua produtos químicos perigosos por outros que representem menos perigo para a saúde humana e/ou provoquem menos poluição (ver também Lista de verificação nº 2, Materiais). Isso trará benefícios significativos aos funcionários e à comunidade.

- Encontre substitutos para produtos cancerígenos conhecidos e/ou que provoquem outros danos graves.
- Não armazene/use explosivos ou corrosivos perto de tóxicos, o que poderia provocar um sério acidente ambiental.

B. Aprimore os processos usando tecnologias que melhorem a "ficha" da empresa em termos de ecologia e saúde humana (ver também Lista de verificação nº 7, Resíduos e Emissões).

- Dê preferência a tecnologias que proporcionam uma melhoria na relação entrada/saída.
- Selecione tecnologias mais confiáveis de medição e controle automáticos.
- Instale monitores e sistemas de alarme automático para emergências.

C. Procure melhorar o equipamento de proteção ambiental pós-produção, ou "final de linha".

- Instale filtros sofisticados para reduzir as emissões perigosas de chaminés.
- Adote como padrão a "melhor tecnologia disponível".

D. Substitua sistemas de energia ineficientes e altamente poluidores por sistemas eficientes que causem menos danos ao ambiente.

- Use fontes alternativas, como sol e vento; investigue os sistemas fotovoltaicos.
- Projete sistemas para reutilizar o calor perdido no processo; considere a co-geração (ver também Lista de verificação nº 1, Energia).

E. Evite a estocagem intermediária, passando de fabricação descontínua para processos contínuos.

F. Adote processos herméticos, principalmente para substâncias que geram poeira perigosa, como amianto e fibra de vidro.

4. Recuperar, reciclar e reprocessar

A. Recicle ou reutilize efluentes que contenham substâncias úteis (ver também Lista de verificação nº 5, Reciclagem).

- Com responsabilidade, recicle, reprocesse, recupere ou, se necessário, despeje resíduos que contenham substâncias prejudiciais.

5. Manufatura responsável

A. Reprojete os processos de manufatura para eliminar substâncias indesejáveis do fluxo de produção.

B. Se se constatar que um produto é manufaturado ou produzido de forma não segura, dentro das atuais especificações, reprojete o produto e/ou o processo de produção.

C. Se um produto não puder ser fabricado ou produzido de forma segura de acordo com as especificações atuais, elimine o produto e/ou seu processo de produção, ou encontre alternativas viáveis.

Lista de verificação nº 5

Reciclagem

A reciclagem é uma estratégia popular e trabalho-intensiva para minorar alguns efeitos da exploração de matérias-primas. Para que ela seja eficaz, é preciso estimular mercados significativos de componentes e produtos acabados reciclados. As firmas com consciência ecológica, portanto, devem não só apoiar esses mercados, mas também devem averiguar se os materiais destinados à reciclagem estão ou não sendo realmente reprocessados, e para a fabricação de quais produtos. Use sua influência política para fomentar o apoio governamental à utilização de produtos reciclados.

1. Levantamento de fatos

A. Constitua uma equipe de administração de reciclagem — com representantes dos departamentos de projeto de produtos, materiais, compras e *marketing*, e especialistas independentes — para supervisionar e avaliar toda a reciclagem e o uso de produtos reciclados. Assegure que a equipe tenha autoridade para fazer as mudanças necessárias.

B. Observe os departamentos da empresa que consomem produtos que podem ser substituídos por produtos reciclados.

- Coteje os custos da adoção de alternativas com os benefícios ambientais estimados; leve em conta a "visibilidade" relativa das mudanças.
- Avalie o impacto ambiental regional ou em larga escala de operações específicas de reciclagem, e formule diretrizes para decidir quando a reciclagem é adequada.
- Leve em conta especialmente os requisitos de energia, mão-de-obra e capital da reciclagem, em comparação com quaisquer efeitos poluidores dos atuais sistemas de despejo. Analise a demanda de consumo dos produtos reciclados.
- Coteje os custos práticos da reciclagem com os benefícios ambientais estimados.

C. Assegure que os produtos reciclados não ofereçam perigos a quem os produz ou usa; dê preferência, por exemplo, ao papel reciclado livre de dioxina.

2. Reciclagem em instalações de produção, escritórios, pontos de varejo e locais semelhantes

A. É preferível que o projeto do produto facilite a reciclagem (ver também Lista de Verificação nº 3, Projeto e desenvolvimento de produtos).

- Use menos matérias-primas, ou matérias-primas mais facilmente separáveis.
- Padronize os componentes.
- Evite os materiais não-biodegradáveis.

B. Mude o *mix* de produtos ou serviços, as estruturas organizacionais, os sistemas de transportes ou comunicações, etc., para otimizar a reciclagem.

C. Recupere matérias-primas e reduza os resíduos do processo de produção.

- Usando os inventários de materiais e componentes, observe todas as possibilidades de reciclar os resíduos através de processamento na empresa ou fora dela.

D. Coloque latas para coleta seletiva de lixo, devidamente rotuladas, em locais adequados.

E. Autorize os funcionários a trazerem lixo doméstico para reciclagem, caso não tenham alternativa.

F. Contrate firmas externas para facilitar a reciclagem.

G. Dentro da empresa, substitua memorandos e comunicações em papel por correio eletrônico.

H. Forneça informações aos consumidores (por meio de rótulos ou etiquetas nos produtos) enfatizando os componentes recicláveis dos produtos.

I. Ofereça aos consumidores descontos de reciclagem dos produtos (por exemplo, devolver mercadorias de algodão usado para ser utilizado em papel reciclado).

3. Negociação com firmas de reciclagem

A. Pesquise e selecione firmas que atendam aos critérios determinados pela equipe de administração de reciclagem, pareçam dispostas a negociar e não pertençam a companhias que, no passado, tenham tratado o ambiente ou os funcionários de forma incorreta.

B. Para reduzir custos, considere a possibilidade de contratar diretamente firmas que produzem mercadorias com os materiais reciclados.

C. Se possível, compre produtos reciclados produzidos pelas firmas que reciclam os resíduos da sua empresa.

D. Se os fornecedores de materiais e componentes tiverem condições de reciclar subprodutos associados, inclua exigências de reciclagem nos contratos.

E. Negocie bons trajetos de transporte com as firmas de reciclagem e outras empresas que reciclam.

F. Assegure que a firma de reciclagem manuseie os materiais com responsabilidade.

4. Implementar estratégias e princípios ecologicamente mais avançados

A. Procure estimular o mercado de produtos reciclados por meio de publicidade informativa, *displays* nos pontos de varejo e etiquetas nos produtos.

B. Forme redes de informação computadorizada com outras empresas sobre fornecedores e recicladores, para facilitar o fluxo de materiais reutilizáveis e recicláveis.

C. Forme redes de informação computadorizada com outras empresas sobre recicladores e fornecedores responsáveis de mercadorias recicladas.

D. Faça mudanças progressivas no projeto de produtos e embalagens, de forma a facilitar a reciclagem (ver também Lista de Verificação nº 2, Materiais, e Lista de Verificação nº 3, Projeto e desenvolvimento de produtos).

E. Tente usar cada vez mais substâncias biodegradáveis em todos os processos.

F. Encontre formas de reciclar os resíduos produzidos pela companhia, usando-os como matéria-prima para outros produtos. Crie o seu próprio sistema de circuito fechado.

Nova lei alemã de reciclagem

Uma nova lei de reciclagem, aliás, de grande alcance, entrou em vigor na Alemanha em 1 de abril de 1992, exigindo que todas as empresas recolham e reciclem as embalagens usadas em seus produtos. Até janeiro de 1993, 50% de todas as embalagens de produtos finais precisarão ser recicladas; até 1995, 80% deverão ser recicladas.

Embora as empresas, a princípio, alegassem que a lei seria impraticável, 600 firmas acabaram se juntando para formar a Duales System Deutschland, uma firma que ajuda as prefeituras a coletar e reciclar materiais. A Duales System distribuiu grandes latas amarelas de reciclagem para metade da população alemã — 40 milhões de pessoas — e espera atingir 90% da população até o final do ano.

Os embaladores pagam à Duales System uma taxa que varia de 1 centavo a $ 2 por produto. Em troca, seu produto é marcado com um ponto verde diferenciador, e sua embalagem é recolhida e reciclada pelo programa Duales System.

Os ambientalistas acusam a lei alemã de dar demasiada ênfase à reciclagem, em vez de incentivar o uso de embalagens reutilizáveis ou a redução de sobras. Esse sistema também criou uma urgente necessidade de mais usinas de separação e reciclagem, que aos poucos estão sendo construídas. Apesar desses problemas, contudo, a lei alemã criou em pouco tempo um dos mais ambiciosos e estimulantes programas nacionais de reciclagem do mundo.

9

Fluxos de saída: vendas, *marketing*, resíduos e emissões

Lista de verificação nº 6

Marketing e vendas

O *marketing* compreende o conjunto de medidas necessárias para levar o produto até os consumidores. Inclui a forma de promover os produtos, de fixar seu preço e distribuí-los.

1. Formar equipes para avaliar e reconsiderar o *marketing* atual

2. Promoção

A. Projeto de embalagem (ver também Lista de verificação nº 3, Projeto e desenvolvimento de produtos).

- Avalie e reconsidere os projetos atuais.
- Em conjunto com a equipe de materiais, idealize embalagens simples, feitas de material ambientalmente aceitável.
- Evite o excesso de embalagens (isto é, o uso de invólucros desnecessariamente grandes ou embrulho duplo).
- Pense na hipótese de criar embalagens que sejam resistentes mas utilizem o mínimo de material.

- Use "eco-selos" na embalagem para destacar as características ambientalmente positivas do produto (ver Callenbach 1990).

B. Vendas.

- Avalie e reconsidere o sistema atual.
- Forneça informações aos clientes sobre os benefícios ecológicos do seu produto.
- Forneça serviços de pós-venda e informações para assegurar que o produto seja usado e descartado de maneira aceitável.
- Se não for possível evitar a elevação dos preços como resultado de processos de manufatura ecologicamente corretos, deixe claro aos distribuidores e consumidores como os custos são calculados (discuta as diferenças de preço com base nos fatores ecológicos).
- Se você trabalha com varejistas, considere a possibilidade de providenciar um número telefônico com prefixo 800 (no Brasil) para responder às perguntas do consumidor final sobre os efeitos ecológicos do produto.

C. Varejo.

- Avalie e reconsidere os sistemas atuais.
- Negocie com os seus varejistas para que o seu produto seja apresentado de uma forma compatível com a sua estratégia de *marketing* ecológico.
- Se achar que os varejistas não condizem com a imagem que você deseja promover, considere a hipótese de abrir suas próprias lojas, onde você terá mais controle sobre a imagem de sua empresa e sobre a apresentação de seus produtos, e onde poderá monitorar com mais facilidade as preferências do consumidor.

D. Propaganda.

- Avalie e reconsidere a mídia e as atividades atuais.
- Evite fazer publicidade em meios que não sejam ecológicos (isto é, papéis revestidos e tintas tóxicas).
- Use "eco-selos" nos seus anúncios para enfatizar as características ecofavoráveis do produto.

- Se usar mala direta, evite a duplicidade nas listagens; considere a possibilidade de diversificar os catálogos de acordo com o público-alvo.

3. Distribuição

A. Avalie e reconsidere os sistemas atuais.

- Dê preferência aos sistemas atuais de transporte que tenham custos ambientais reduzidos em termos de consumo de energia e poluição.
- Pesquise e apóie o desenvolvimento de sistemas de transporte mais ecologicamente corretos.

4. Traçar e implementar a estratégia (com base nas considerações acima)

A. Determine os segmentos de consumidores com mais probabilidade de serem sensibilizados por propaganda que ressalte os fatores ecológicos, e dirija-se a eles.

B. Priorize os produtos ou categorias de produtos a promover numa campanha ecológica.

C. Monitore periodicamente o sucesso das estratégias acima em termos econômicos, e faça alterações conforme necessário.

D. Trabalhe com o grupo de relações públicas para monitorar o perfil da empresa com respeito a essas decisões, e revise a estratégia se necessário.

E. Ofereça abono em dinheiro ou outros incentivos para quem atingir ou ultrapassar as metas.

F. Pense na possibilidade de implementar (e divulgar) estratégias de *marketing* ou vendas que beneficiem diretamente programas e/ou projetos ambientais ou sociais significativos.

- Destine uma porcentagem do total de vendas ou lucros da empresa para essa finalidade.

- Destine uma parcela dos lucros de uma linha específica de produtos para essa finalidade.
- Pense na possibilidade de incluir projetos locais e regionais, bem como internacionais, nessa categoria.

Lista de verificação nº 7

Resíduos e emissões

Todas as partes de uma empresa geram algum tipo de poluição. Muitas vezes, as várias divisões produzem tipos muito diferentes de poluição. Assim, talvez seja útil dividir as equipes nas categorias de pesquisa e desenvolvimento, fabricação e escritório.

1. Formar equipes para avaliar

- Produção e despejo de resíduos.
- Emissões e controle de emissões.

A. Pense na possibilidade de incluir tanto funcionários como representantes de outras empresas com conhecimento técnico específico dos processos que geram resíduos e emissões, dos métodos de despejo e dos controles de emissões.

B. Inclua na equipe vários funcionários escolhidos aleatoriamente, para estimular a criatividade nas soluções.

C. Pense na possibilidade de solicitar que representantes dos seus fornecedores, de outras empresas do seu ramo e das empresas de despejo participem da sua iniciativa.

D. Selecione várias pessoas versadas em questões legais e técnicas que sejam capazes de investigar, com conhecimento de causa, as leis ambientais vigentes com respeito a controles de emissão, ruído, lixo tóxico, poluição de água, etc.

2. Identificar os resíduos de operação fabril e os métodos atuais de despejo

A. Especifique cada um dos subprodutos (por exemplo, lã, papel, compostos químicos, amianto).

B. Observe a procedência desses subprodutos (processos de produção, lixo de escritório, perdas de desenvolvimento), indicando especificamente o processo que gera os resíduos (isto é, os processos químicos e físicos).

C. Identifique e classifique a toxicidade, o tempo de vida e os problemas gerais de despejo de todos os resíduos (observando a periculosidade para a saúde dos operários, a poluição do solo e da água, as condições especiais de despejo para que o item se biodegrade, etc.).

D. Avalie os métodos atuais de despejo, observando sua eficácia em função da classificação acima e seu enquadramento na legislação atual.

> A Ben and Jerry's Homemade Ice Cream (fabricantes de sorvete) criou um programa ambiental completo que mexeu com todos os aspectos da empresa. Um fato notável é que a empresa passou a vender mais de 1000 potes plásticos por semana para um reciclador, ao preço de $6.000 por ano — contra uma despesa anterior de $30.000 com aterro sanitário. (A empresa queria reutilizar os potes, porém a regulamentação da saúde o proíbe.)

3. Identificar as emissões e seus níveis atuais

A. Enumere todas as emissões liberadas pelas fábricas ou prédios de sua empresa (incluindo ruído, gases, partículas poluidoras, odores).

B. Indique a procedência dessas emissões, observando os processos específicos que as produzem.

C. Identifique e classifique as conseqüências de cada emissão para a saúde e a ecologia.

D. Observe os controles de emissão atualmente existentes para cada descarga, indicando as inadequações e o grau de cumprimento das leis atuais.

E. Priorize as atuais emissões e as medidas de controle que precisam ser alteradas.

4. Investigar alternativas para reduzir ou eliminar resíduos e emissões

(Obs.: pense na possibilidade de obter ajuda ou indicações junto à Agência de Proteção Ambiental ou a outras fontes).

A. Use as suas duas listas de prioridades como ponto de partida dessa investigação.

B. Pesquise outros métodos de produção onde a geração de emissões e resíduos possa ser totalmente evitada.

C. Pesquise métodos alternativos que reduziriam sua produção.

D. Considere a possibilidade de usar processos físicos ou químicos que tornariam o resíduo não prejudicial (por exemplo, uma mistura de álcool metil, ácido fórmico, ácido acético e éster aquecidos a 900 — 1000 graus Celsius formam dióxido de carbono e água).

E. Pense na hipótese de utilizar os resíduos de operações fabris como matéria-prima de outros processos de produção da empresa, ou de vendê-los a outra firma (nos escritórios, o papel pode ser cortado e reutilizado como material para embalagem ou para confeccionar blocos de anotações).

F. Pesquise métodos de despejo mais apropriados (isto é, que ofereçam maior grau de segurança ou possam acelerar a biodegradação do lixo).

G. Classifique cada uma das alternativas de acordo com os resultados, a facilidade de implementação e o custo financeiro (sem esquecer a possibilidade de que um novo método pode diminuir as emissões nocivas, e ao mesmo tempo gerar outros subprodutos prejudiciais).

H. Selecione alternativas a serem tentadas imediatamente (as que são mais urgentes na lista acima de prioridades, seguidas por aquelas que geram mais resultados ou custam menos).

5. Traçar uma estratégia e montar a correspondente estrutura de apoio

A. Idealize um plano de ação (observe os passos a dar, determine um prazo, nomeie uma força-tarefa e um comitê de revisão para assegurar que os objetivos ambientais sejam continuamente atingidos).

B. Para longo prazo, nomeie um funcionário ou consultor experiente para informar continuamente os tomadores de decisão sobre as leis e regulamentos pertinentes à proteção ambiental (essa pessoa deve fornecer a você, periodicamente, relatórios por escrito).

C. Examine todos os sistemas de manejo do lixo.

- Providencie recipientes convenientemente localizados para estocar subprodutos.
- Instale pontos de coleta para óleo, solventes, soluções, ácidos, pigmentos, etc., usados.
- Estoque o lixo tóxico em áreas bem ventiladas, longe dos funcionários e do calor.

D. Providencie, nos escritórios, recipientes de lixo para papel, plásticos, vidro, alumínio e metais, como grampos, clipes e tampas de garrafa (ver também Lista de verificação nº 5, Reciclagem).

E. Se você tiver uma loja própria de varejo, instale nela centros de reciclagem para seus clientes.

F. Se você for o distribuidor de seus produtos, organize canais de reciclagem para seus clientes.

6. Negociar com os fornecedores e firmas de despejo

A. Faça com que os fornecedores providenciem a coleta do lixo associado ao produto dele (isto é, os fornecedores coletam os resíduos que podem reutilizar, ou contratam uma firma local de reciclagem).

B. Nos contratos com fornecedores, acrescente uma cláusula exigindo que eles forneçam informações completas sobre as características e materiais dos produtos (assim, o fornecedor pode ser responsabilizado por informação errônea).

C. Verifique *in loco* a adequação das condições de despejo (ou então, articule-se com outros clientes para formar uma organização encarregada de monitorar o processo de despejo).

10

Finanças, recursos humanos e outras estruturas de apoio

Lista de verificação nº 8

Finanças

Como os governos procuram cada vez mais moldar as decisões que as empresas tomam para minimizar os danos ecológicos, vem à tona uma grande variedade de novas implicações financeiras. Assim, às vezes concedem-se cancelamentos de impostos para quem passa a usar equipamentos redutores de emissões; permite-se a elevação das tarifas (e, por conseguinte, dos lucros) de serviços públicos para financiar medidas para poupar energia; estipulam-se políticas de compras para privilegiar produtos ecologicamente desejáveis, como o papel reciclado; condicionam-se os projetos de instalações novas ou ampliações de instalações a relatórios de impacto ambiental cada vez mais rigorosos. Conseqüentemente, as estratégias de investimentos precisam enquadrar-se mais e mais no contexto ecológico.

Na Inglaterra e na Alemanha, há algumas subvenções governamentais para determinados tipos de pesquisa ou melhorias de proteção ambiental. O governo alemão oferece várias vantagens fiscais importantes e empréstimos a juros baixos. Nos Estados Unidos, o tratamento das águas industriais pode ser objeto de subvenções federais; alguns empréstimos e subvenções também são dados por governos estaduais. O Banco Europeu de Desenvolvimento de Luxemburgo concede empréstimos para investimento em proteção ambiental, muitas vezes sob condições mais favoráveis que as dos bancos nacionais. A Comissão das Comunidades Européias de Bruxelas concede verbas para projetos modelares ou de demonstração.

Todos os investimentos devem passar periodicamente por uma avaliação ecológica. Pergunte, por exemplo:

- O projeto vai aumentar a poluição?
- Vai aumentar os riscos ecológicos?
- Vai proteger o ambiente?
- Vai proteger o ambiente e também aumentar a lucratividade?

A época de introdução dos novos investimentos pode ser uma questão ecologicamente delicada. Se estiver iminente o surgimento de uma nova tecnologia menos poluidora, pode ser razoável, desde que as regulamentações o permitam, protelar a substituição ou as dificuldades da geração atual de equipamentos. Em outros casos, pode ser desejável acelerar a substituição do equipamento poluidor.

Se houver probabilidade de um determinado investimento provocar ou aumentar a poluição, será preciso considerar as dimensões financeiras dos custos e riscos envolvidos. Pode sair caro ignorar esses fatores especiais:

- Prováveis custos futuros do despejo de resíduos.
- Possíveis mudanças nos limites estabelecidos.
- Possível receita decorrente das vendas de subprodutos que, se liberados, seriam poluidores.

A escolha do local onde "estacionar" o capital da empresa pode ter implicações ecológicas. Considere se o fato de usar os bancos da bio-região da empresa ajudará a fixar o capital na área e, dessa forma, fomentar a solidez da comunidade local, além de atrair investimentos ambientalmente desejáveis. Avalie se os planos de pensão de empresas, como o 401 (K) dos Estados Unidos, contemplam opções de investimentos social e ambientalmente responsáveis.

Os métodos tradicionais de custeio de investimento em geral não favorecem os projetos de longo prazo, que dão a maioria dos seus frutos nos últimos anos. Os assim chamados métodos de custeio "dinâmicos" — o método de valor de capital e o método de juros internos — podem ser preferíveis.

Investir apenas em medidas de fim-de-linha em geral é muito mais caro, em termos de resultados, do que fazer mudanças mais sistêmicas. Focalizar de cada vez um único aspecto problemático de um processo de produção, em lugar de considerar o todo, também é, em geral, desnecessariamente caro.

A questão da compra ou da venda de licenças de emissão, embora controvertida entre os ambientalistas, pode ter enormes conseqüências sobre os investimentos. Especialistas em "auditoria de propriedade ambiental" investigam os riscos ecológicos potenciais na compra e venda de imóveis e empresas.

Estão em estudo seguros contra grandes riscos ecológicos, às vezes por iniciativa governamental, como no caso dos vazamentos de petróleo; já existe seguro contra acidentes nucleares (embora numa escala extremamente limitada, considerando os danos potenciais). Na maioria dos países europeus, os serviços nacionais de saúde e outros mecanismos representam uma espécie de "seguro" elementar para os empregados e cidadãos. Nos setores de risco especial, como a mineração e a indústria química, as empresas às vezes proporcionam seguro de acidentes e de vida.

Embora o seguro normal de responsabilidade ofereça bastante proteção contra a maioria dos riscos de negócio, as conseqüências da responsabilidade por alguns processos industriais, como foi demonstrado pelo amianto, podem ser imensas e raramente são seguráveis; as empresas e seus executivos prosseguem com esses processos conscientes do grande risco que correm. Como a lei está evoluindo rapidamente nessa área, manter-se a par dos desenvolvimentos é altamente prioritário para a empresa que utiliza tecnologias de risco.

Deve-se rever o seguro das instalações para determinar se são cobertos os danos ecológicos associados. Também existe seguro contra a interrupção da produção por motivos ecológicos, como vazamentos tóxicos.

Lista de verificação nº 9

Investimentos

1. Traçar uma estratégia de eco-investimentos

A. Determine os critérios ecológicos que você deseja seguir em seus investimentos.

- Classifique esses critérios em termos de urgência para o ambiente e a sociedade.
- Destine seus investimentos para empresas e agências governamentais e não-governamentais de acordo com a sua classificação.

2. Fazer os investimentos

A. Procure instituições de investimento cuja filosofia de investimento esteja de acordo com os seus critérios ecológicos.

B. Use o seu "poder de investidor" para fazer com que a sua própria instituição financeira passe a considerar a adoção de princípios de investimento mais ecológicos.

- Pense em comprar bônus municipais, estaduais ou federais que lastreiem investimentos ecologicamente corretos.
- Pesquise oportunidades de investimento ecofavorável (por exemplo, empresas que precisam de financiamento para fazer melhorias ecológicas).

C. Explique aos acionistas os investimentos ecológicos feitos.

D. Invista em seus funcionários; crie planos de incentivo de compra de ações e benefícios de remuneração, para recompensar o melhor desempenho ecológico em todos os escalões da empresa.

3. Fazer *lobby* por incentivos para eco-investimento

A. Organize um grupo para fazer *lobby* por créditos fiscais para investimentos ambientais específicos feitos por empresas.

- Apóie a ajuda governamental ou privada para melhorias ambientais.

4. Apoio às organizações comunitárias

A. Ofereça subvenções para organizações, grupos locais e instituições engajadas em projetos ecológicos ou de serviços à humanidade.

Lista de verificação nº 10

O local de trabalho

Condições de trabalho

O ambiente interno de uma empresa é de importância crítica para a saúde mental e física de todos os que ali trabalham e, conseqüentemente, para o bem-estar geral da empresa. Com efeito, como as pessoas passam grande parte do seu tempo no hábitat da empresa, pode-se pensar nas condições de trabalho como um importante "produto" que essas pessoas consomem, ao lado dos produtos que são vendidos aos clientes fora da empresa. As condições de trabalho englobam muitos fatores além daqueles estritamente ligados às tarefas executadas.

Ademais, se não forem evitadas as condições que causam tensão, como a má iluminação ou a ventilação imprópria, o barulho, a poeira, as substâncias ou o perigo físico, dificilmente se pode pedir que os funcionários assumam uma postura interessada e criativa em relação a questões ambientais genéricas. O mesmo se aplica aos operários que enfrentam condições sociais insatisfatórias, como falta de segurança de emprego, má supervisão, oportunidades limitadas de promoção ou aprendizagem, discriminação ou sistemas punitivos de motivação. As preocupações ambientais internas e externas, portanto, estão estreitamente ligadas e precisam ser tratadas com um enfoque integrado.

Barulho, inclusive vibração de baixa freqüência

Muitas vezes, é possível reduzir o barulho das máquinas por meio de amortecedores ou molas, proteções, tapumes para absorção de sons, aberturas para fora, e assim por diante. O barulho de atividades secundárias também pode ser intenso, e precisa ser levado em conta. Ruídos intermitentes podem ser particularmente irritantes e causadores de distração. Em geral, é possível conter o ruído interpondo-se uma massa contínua (sem fendas nem orifícios) entre a fonte e os ouvintes, como, por exemplo, placas pesadas de vidro, metal ou concreto. Às vezes, pode ser necessário um isolamento estrutural para impedir a transmissão do som. As pessoas expostas a ruídos altos devem usar abafadores de ouvido e passar por exames médicos periódicos.

Iluminação e cores

A regulamentação muitas vezes prescreve a intensidade mínima de luz para a tarefa. No entanto, muitos outros fatores afetam o conforto e o desempenho do empregado, dos quais alguns também podem ter sido objeto de regulamentação: relação de contraste entre áreas iluminadas e escuras, reflexão de superfícies, direção das fontes de luz, e assim por diante. (Um exemplo: os terminais de computador requerem iluminação indireta e de nível relativamente baixo.) Como os empregados são os melhores juízes de suas necessidades de iluminação, é preciso dar a eles uma considerável liberdade de escolha e disposição das fontes de luz.

As lâmpadas fluorescentes, que são ambientalmente atraentes devido à sua alta eficiência de energia, criam alguns problemas especiais. A combinação de tubos de diferentes cores de luz se aproxima do espectro completo da luz solar, que dá a sensação de maior bem-estar para as pessoas; consegue-se o mesmo efeito com tubos especiais, bem como com algumas lâmpadas ovais. É possível evitar a cintilação trocando os balastros gastos e usando dispositivos eletrônicos ou comutadores trifásicos.

As cores do ambiente de trabalho podem ter efeitos consideráveis, mas há muita polêmica sobre o efeito de algumas cores — alguns "vermelhos" descansam mais do que alguns "verdes", por exemplo.

Em geral o teto pintado em cores claras dá a impressão de ser mais alto do que o mesmo teto pintado numa cor escura. Um decorador habilidoso, em conjunto com os empregados, usará muitas dessas regras empíricas para criar um ambiente confortável.

Campos eletromagnéticos

Uma pesquisa recente indica que as pessoas (em especial as crianças e as mulheres grávidas) são afetadas por campos elétricos e magnéticos de nível relativamente baixo, que são gerados por muitos maquinários modernos (e outros aparelhos, como os cobertores elétricos) e atravessam paredes e pisos comuns. As atitudes internacionais variam em cautela, com alguns pesquisadores sustentando que os níveis de perigo são muito baixos ou inexistentes. Contudo, o nível de preocupação entre os cientistas tem aumentado sistematicamente, abrindo um leque de questões a considerar.

Os terminais de vídeo, por exemplo, geram fortes campos eletromagnéticos principalmente nas partes laterais e traseira, e não devem ser agrupados muito perto uns dos outros nem em grande número. Mulheres que estão grávidas há pouco tempo ou que vão engravidar em breve não devem trabalhar com eles. Os espaços perto de transformadores ou outros equipamentos ou fios que conduzem fortes correntes elétricas, dentro ou fora de prédios, não são bons lugares para se ficar muito tempo. As instalações com ocupantes humanos não devem ser localizadas abaixo ou perto de linhas de transmissão de alta voltagem.

"Clima"

Do ponto de vista do conforto das pessoas, a ventilação natural silenciosa é preferível aos sistemas fechados de ventilação forçada do ar, durante boa parte do ano, em muitas regiões climáticas. Os arquitetos estão aprendendo a usar a energia solar, a força natural do vento, a capacidade de conservação e eliminação de calor dos prédios, e técnicas avançadas semelhantes, para construir estruturas cujo consumo de energia seja moderado mesmo em condições bastante rigorosas.

Quando são usados sistemas fechados, a umidade, as variações na velocidade do ar com respeito aos respiradouros, as correntes de ar, o gradiente de temperatura entre o nível da cabeça e dos pés, etc. requerem atenção especial. O calor irradiado de superfícies quentes pode causar desconforto, exigindo atenção. Se o calor gerado por lâmpadas, equipamentos e corpos humanos não puder ser dissipado através da ventilação natural, pode-se considerar a utilização de equipamento de condicionamentos de ar movidos a energia solar.

Substâncias perigosas

Ver Lista de verificação nº 7, Resíduos e emissões.

Equipamentos

Um grande número de considerações têm relação com o projeto dos equipamentos; dessa forma, só podemos aqui sugerir uma amostragem. Deve-se usar o princípio "uma função, um comutador" para minimizar os erros de operadores; os comutadores "desliga" de emergência devem ter marcação clara e ser de fácil acesso. A ergonomia deve ser de rigor no projeto de todos os equipamentos, para minimizar a fadiga. Os equipamentos e tarefas do trabalho devem ser projetados para propiciar freqüentes interrupções de movimentos repetitivos e para minimizar os riscos fisiológicos. O esforço muscular assimétrico e excessivo também deve ser evitado. No trabalho nas máquinas, é bom haver equilíbrio e variedade, com áreas "privadas" e áreas compartilhadas nas tarefas executadas em equipe.

Segurança

Muitos ambientes de trabalho são inerentemente perigosos; no entanto, é fácil as precauções de segurança passarem a fazer parte do "segundo plano" ignorado. Uma auditoria pode trazê-las novamente à atenção de todos. Sinais e símbolos de perigo (inclusive com códigos de cores) devem ser revistos. Pode ser necessário instalar ou consertar dispositivos e equipamentos de proteção; em alguns casos, é possível que os operários, sob a pressão da produção, acabem desarranjando os dispositivos de segurança — sinal de que estes precisam ser reprojetados para não atrapalhar a produção. É preciso revisar os dispositivos anti-ofuscação e anti-salpicadura. As rotas de tráfego devem ser definidas e claramente sinalizadas para eliminar colisões de equipamentos e pessoas em movimento. Deve-se assegurar o uso de roupas de proteção ou outros equipamentos pessoais.

As áreas em volta de máquinas automáticas requerem atenção especial; é preciso colocar barreiras ou grades de segurança para impedir que as pessoas entrem em áreas perigosas. Se a máquina lançar resíduos ou peças, é necessário guardar sua possível trajetória. Fique particularmente atento à segurança nos períodos de instalação e manutenção, quando o equipamento normal de segurança está desmontado ou ainda não foi instalado.

Organização do trabalho

As vantagens aparentes de uma rígida divisão de trabalho em linha de montagem muitas vezes são minadas por suas desvantagens humanas: elevados índices de absenteísmo e de erros, insatisfação dos empregados e alta rotatividade. A criação de um ambiente interno satisfatório, portanto, está forçosamente associada à descrição e pontos principais dos cargos. Embora sejam diferentes as necessidades e possibilidades de cada empresa, e as "culturas" de empregados variem de comunidade para comunidade, há alguns princípios geralmente aceitos que ajudam a criar um ambiente de trabalho saudável:

Planejamento de cargos

- Organize as operações prevendo trabalho em equipe; os grupos com certo grau de autonomia para decidir como executarão coletivamente o trabalho em geral são mais eficientes, criativos e satisfeitos.
- Planeje os cargos de modo a evitar o *stress* resultante de repetição excessiva, cronogramas rígidos, isolamento social, força física e precisão de movimentos.
- Proporcione aos empregados de todos os níveis experiências de aprendizado periódicas no próprio local de trabalho. Reconheça que os erros fazem parte do processo de aprendizado.

Participação no desempenho da organização

- Crie oportunidades de participação na tomada de decisões.
- Associe a responsabilidade por uma tarefa com a autoridade necessária para executá-la.
- Distribua as recompensas por melhorias de produtividade. Isso pode incluir participação nos lucros, compra de ações da empresa, reconhecimento, promoção, salário e outros benefícios.

Motivação

- Motive os empregados de forma positiva, não punitiva. Assegure que as pessoas sejam recompensadas por um trabalho bem-feito, tenham *feedback* concreto e construtivo e recebam treinamento, se for o caso, nas áreas que precisam ser melhoradas.
- Dê condições para que os empregados equilibrem de forma responsável o trabalho e a vida familiar, incluindo horários de trabalho flexíveis.
- Lute pela diversidade interna e diminua as diferenças entre todos os escalões da organização por remuneração, cultura, sexo, orientação sexual, etc.

Direitos básicos

- Proporcione pagamento justo, benefícios e segurança de emprego.
- Garanta o direito de liberdade de expressão e acesso à informação.
- Dê aos funcionários a possibilidade de levarem suas preocupações às pessoas que detêm autoridade e garanta os procedimentos cabíveis para os que se sintam injustamente tratados.

Alimentação

As refeições feitas nos refeitórios da empresa muitas vezes constituem a maior parte da dieta dos empregados, e, portanto, são importantes para a manutenção da saúde e da produtividade. Padrões saudáveis de alimentação no trabalho podem ser transportados para as práticas dietéticas em casa. Além disso, a melhoria da saúde geral dos funcionários pode reduzir as despesas da empresa com seguro saúde, bem como as perdas decorrentes de licenças médicas.

A empresa que proporciona a todos os funcionários uma ampla gama de informações sobre saúde e nutrição está agindo corretamente. Fatos básicos e bem comprovados sobre os maus efeitos de dietas ricas em gordura, sal e açúcar devem ser divulgados por meio de folhetos, quadros de avisos e palestras fora do expediente, para as quais são convidados os cônjuges, parceiros domésticos e amigos. Algumas empresas proporcionam academias e outros locais para exercícios (e dão aulas para reforçar programas individuais para alcoólicos e pessoas com problemas de peso). Outras fornecem chuveiros e local para a troca de roupa para os empregados que querem exercitar-se indo de bicicleta para o trabalho.

Se a empresa tiver arrendado seu restaurante a terceiros, é preciso organizar os cardápios do ponto de vista nutricional; se a concessionária não puder ou não quiser fazer as melhorias necessárias, a empresa deve considerar a hipótese de passar ela mesma a gerir o restaurante. As refeições preparadas no próprio local em geral são mais frescas e nutritivas, e mais de acordo com as preferências dos empregados. As sobras de comida, se não puderem ser evitadas, às vezes podem ser doadas a organizações sem fins lucrativos que fornecem refeições. O refeitório deve ter um ambiente agradável, com luz e ventilação natural, e com plantas. Pratos, xícaras e utensílios de plástico ou "descartáveis" devem ser evitados ou cuidadosamente reciclados. As sobras de alimento não aproveitáveis devem ser transformadas em adubo para uso nos jardins da empresa.

As pessoas têm idéias arraigadas sobre hábitos alimentares; por isso, é preciso ir com calma e fazer mudanças graduais para tornar mais saudável a alimentação do refeitório (ao mesmo tempo que são conservadas ou incentivadas as preferências étnicas, bem como internacionais). Contudo, esse processo deve incluir objetivos básicos tais como:

- Menor teor de gordura, sal e açúcar.
- Maior teor de fibras.
- Mais vegetais e frutas (frescos).

Pode ser uma boa idéia etiquetar os pratos e alimentos do refeitório para indicar o teor de proteínas, sódio, calorias e gordura, bem como os preços. Os cardápios devem proporcionar opções satisfatórias para os vegetarianos. Quando é servido café da manhã, acrescente iogurte desnatado, mingau de aveia, biscoitos de farinha integral, etc. ao desjejum "normal" de alto teor de colesterol. Devem sempre ser oferecidos chás, inclusive chás descafeinados ou de ervas.

Examine também as máquinas de vender instaladas nas dependências da empresa ou em suas imediações para ter certeza de que são fornecidos sucos de fruta ou leite desnatado ou semidesnatado como alternativa aos refrigerantes e ao café; e nozes, sementes de girassol e salgadinhos saudáveis como alternativas aos doces e batatas fritas. Se os concessionários não puderem fornecer esses itens, a empresa deve administrar suas próprias máquinas.

Aconselhamento doméstico

Embora a indústria gere, isoladamente, a maior fonte de poluição, calcula-se que as residências sejam responsáveis por cerca de 30% da carga ambiental total. Portanto, o incentivo à família dos funcionários para a adoção de práticas menos danosas assume grande importância: usar menos o carro, poupar água e energia, usar alternativas aos pesticidas em casa e no jardim, usar embalagens retornáveis e papel reciclado, evitar o excesso de embalagens, etc. Excelentes manuais populares, tais como *Fiffty Simple Things You Can Do To Save The Earth* (Cinqüenta coisas simples que você pode fazer para salvar a Terra — Earthworks Group 1991), dão sugestões jeitosas e fáceis de pôr em prática, e devem ser levados à atenção de todos os funcionários.

Relações humanas

Os administradores experientes e bem-sucedidos sabem que as boas relações com os funcionários, e entre os próprios funcionários, são essenciais para a saúde de uma empresa. A literatura sobre relações humanas na indústria é extensa, e aqui faremos apenas umas poucas observações particularmente pertinentes à empresa entendida como hábitat.

O ambiente humano interno de uma empresa, da mesma forma que seus resíduos ou emissões, não pode ser considerado à parte da comunidade. As políticas da empresa sobre questões básicas, como níveis salariais, assistência às crianças e licenças familiares, por exemplo, têm ramificações por toda a comunidade, gerando *stress* econômico ou conforto econômico nas famílias. Isto tem efeitos importantes sobre o desempenho das crianças na escola e, mais tarde, sobre o desempenho como adultos no trabalho, e sobre os serviços sociais que precisam ser financiados pela comunidade. Se houver muito antagonismo nas relações com os empregados no trabalho, é improvável que possa existir uma cooperação produtiva entre a empresa e grupos de cidadãos parcialmente compostos por funcionários. Nos últimos anos foram desenvolvidas muitas técnicas para melhorar as relações humanas e lograr plena cooperação entre administração e funcionários. À parte as questões de organização de trabalho mencionadas acima, elas incluem:

- Oferecer aos funcionários a possibilidade de comprar ações, como forma de dar a eles uma participação direta no sucesso da empresa. Aparentemente, essa medida funciona melhor quando combinada com a representação de funcionários na administração. (Na Alemanha, é freqüente a inclusão de um representante dos operários no conselho de administração da empresa.) Pode-se também incentivar a compra de ações pelos clientes e pela comunidade.
- Administrar para promover a cooperação e não a competição interpessoal. Centenas de experimentos psicológicos demonstraram que as pessoas aprendem melhor e têm melhor desempenho em situações de cooperação (ver Kohn 1986).
- Oferecer mecanismos de mediação para dar pronta solução a problemas surgidos no ambiente de trabalho, sem ser preciso dar queixa formalmente.
- Recompensar os funcionários (e equipe de funcionários) por sugestões úteis por meio de quantias significativas em dinheiro, além de atenção pública.

- Avaliar o “desempenho social” da empresa em termos do tratamento equitativo de todos os empregados, independentemente de raça, sexo, etnia, convicção religiosa, preferência sexual, saúde física e assim por diante. Analisar as estatísticas pertinentes da empresa sobre contratação, promoção e remuneração de funcionários, e outras questões relativas ao pessoal. Dar educação a todos os funcionários sobre problemas como constrangimento sexual e preconceito racial.
- Criar relações cooperativas de trabalho com sindicatos e órgãos reguladores para tratar de questões como saúde e segurança.

Lista de verificação nº 11

Transportes

1. Implementar medidas contra a poluição e poupadoras de energia a curto prazo

A. Use combustível sem chumbo. Considere a possibilidade de usar propano, gás natural ou propulsão elétrica em equipamentos como empilhadeiras e caminhonetes.

B. Conduza com segurança o despejo de anticongelantes e outras substâncias perigosas; recicle o óleo usado para motores.

C. Considere a melhoria das opções de manutenção e recondicionamento dos veículos da empresa.

- Mantenha os veículos bem regulados para reduzir emissões e aumentar a eficiência de energia.
- Instale, nos veículos mais antigos, dispositivos modernos de controle de escapamento e ruído.
- Se os veículos da empresa precisarem de revisão de ar condicionado, contrate os serviços de uma oficina que tenha equipamento “vampiro” para captar CFCs.

D. Escolha freios e placas de embreagem sem amianto.

E. Considere a possibilidade de comprar pneus recauchutados.

F. Ao comprar veículos novos:

- Informe-se sobre veículos com eficiência de energia, equipados com avançados dispositivos de controle de escapamento e ruído, mesmo que isso não seja exigido por lei no seu país.
- Faça da segurança uma prioridade: inclua acessórios como sacos de ar, cintos de segurança automáticos e outros dispositivos de segurança.
- Solicite informações sobre os efeitos, na ecologia e na saúde, das diferentes tintas usadas nos veículos.

G. Patrocine ou pague parte de cursos de eficiência de direção de veículos para os funcionários.

- Recomende um estilo não agressivo de dirigir, pois isso:
- Reduz o consumo de combustível.
- Reduz a poluição sonora.
- Diminui o *stress* do motorista.

2. Reduzir o transporte desnecessário

A. Analise as programações de viagem dos funcionários de todos os departamentos.

- Coordene os eventos, para minimizar as viagens, diminuindo sobretudo as viagens em aviões a jato que causam poluição da estratosfera.
- Envie correspondência por fax em vez de usar mensageiros, quando for adequado.

B. Considere a possibilidade de comprar mais suprimentos no local.

C. Considere a possibilidade de subsidiar funcionários que queiram morar mais perto do local de trabalho.

3. Apoiar o transporte eficiente

A. Planeje a movimentação de bens e componentes dentro da empresa de forma a otimizar a eficiência de energia.

B. Considere a possibilidade de usar veículos elétricos, levando em conta o dano ambiental causado pela geração de eletricidade.

C. Providencie bicicletas e/ou lambretas para deslocamentos dentro das instalações da empresa.

D. Compre peruas para uso compartilhado dos funcionários que moram longe.

E. Recompense os funcionários que usam meios de transporte alternativo, como rodízio de caronas, peruas, transportes coletivos.

- Ofereça estacionamento gratuito em áreas onde os locais para estacionamento são limitados ou caros.
- Considere a possibilidade de pagar somas substanciais aos funcionários que participarem de rodízios de carona.
- Reembolse os funcionários que usam transporte público; providencie um local na empresa para a venda de passes a um preço mais baixo.
- Ofereça condução gratuita de e para estações locais de transporte coletivo.

Lista de verificação nº 12

A fábrica e seus arredores

1. Seleção do local

A. Vistorie o local e examine os dados ambientais oficiais para determinar que poluentes podem estar presentes.

B. Avalie o local em termos dos riscos potenciais "naturais" decorrentes de falhas geológicas ativas, inundações, gás rádom e outros elementos.

- Se decidir ocupar o local, leve em conta os riscos ao projetar os prédios e os espaços abertos.

C. Pesquise problemas regionais de poluição que possam representar risco para os empregados, por exemplo, a proximidade de usinas nucleares e refinarias de petróleo.

2. Projetar/reprojetar os prédios visando o bem-estar dos usuários (ver também Lista de Verificação nº 10, Local de trabalho)

A. Leve em conta a topografia e as condições climáticas para criar um projeto ecologicamente eficiente.

- Projete o espaço de trabalho visando eficiência de aquecimento e resfriamento.
- Instale nas janelas persianas compatíveis com a eficiência que se pretende conseguir.
- Melhore o isolamento.

B. Planeje a organização interna e os procedimentos de trabalho, de modo que um local de trabalho não tenha efeito negativo sobre outro; considere, por exemplo, ruído, poeira, fumaça, produtos químicos, radiação eletromagnética.

C. Use critérios de saúde humana e economia de energia para projetar os sistemas de aquecimento, de ar-condicionado e de ventilação.

- Contrate uma firma especializada para conduzir uma auditoria inicial sobre a qualidade do ar, para que alguns problemas potenciais possam ser eliminados pelo aumento de correntes de ar fresco.
- Acompanhe as queixas e doenças dos empregados (até com amostras de sangue e urina, se fornecidas voluntariamente) para ajudar a identificar a assim chamada "síndrome do prédio doente". Aja prontamente para identificar e solucionar problemas internos de poluição.
- Escolha janelas que possam ser abertas.
- Procure usar sistemas de energia que permitam aos empregados ajustar a temperatura ao seu local de trabalho.

D. Use luz natural, quando possível, em todos os locais de trabalho, corredores e escadas; é melhor que luz artificial.

E. Crie um local de trabalho estético, dando aos funcionários a possibilidade de opinar na decoração, e respeitando diferenças étnicas e culturais.

3. Materiais de construção e manutenção de interiores

A. Selecione para os interiores materiais que não representem risco para a saúde.

- Evite carpetes ou móveis que libcrem emanações de formaldeído ou pesticidas.
- Use com cautela madeira que tenha sido impregnada com preservativos voláteis.
- Dê preferência a tintas relativamente livres de problemas.

B. Retire ou sele tudo que for de amianto ou substâncias de perigo semelhante para a saúde, se houver.

C. Evite o uso de madeira de espécies em extinção, como teca e mogno; use espécies compatíveis com a produção sustentável.

D. Prefira materiais nativos do local, quando possível.

E. Procure alternativas para pesticidas e rodenticidas e interiores; avise os funcionários antes de mandar fazer qualquer tipo de pulverização.

F. Escolha produtos de limpeza que minimizem ou eliminem a exposição a substâncias perigosas.

4. Transformação da paisagem

A. Projete ou reforme o prédio respeitando a paisagem local e a arquitetura da vizinhança.

B. Amplie as áreas verdes com trepadeiras em treliças ou paredes, para dar sombra e poupar energia, e também para dar uma aparência agradável e desenvolver o hábitat.

C. Reduza os requisitos de energia do prédio, formando quebraventos com árvores e arbustos de crescimento rápido.

D. Aumente a eficiência de energia plantando árvores decíduas perto de janelas na face sul.

E. Avise os empregados se e quando forem usados no solo pesticidas ou herbicidas.

- Busque alternativas a produtos químicos para controle de roedores e ervas daninhas; investigue as técnicas de controle integrado de pragas.

F. Crie um espaço tranqüilo ao ar livre onde os funcionários possam se descontrair.

- Pense na possibilidade de incluir pistas para caminhadas e ciclismo, bancos individuais e para várias pessoas, elementos visuais e aromáticos que causem surpresa e sejam agradáveis, monitores de vento e de condições meteorológicas, paisagens que variem de acordo com as estações, e etc. Pense também em lagos ou fontes (com água recirculada).

G. Considere a hipótese de destinar terrenos ociosos a moradores da vizinhança, para o cultivo de hortas ou jardins; se forem cultivadas plantas comestíveis, verifique antes os possíveis contaminantes.

H. Mesmo que seja em pequena escala, destine uma parte do local para um espaço de vida selvagem. Empregue técnicas de restauração de hábitat nessas áreas. Em terrenos de grandes proporções, contrate restauracionistas locais para restabelecer os ecossistemas nativos.

- Entremeie plantas que dão alimentos, como bagas ou frutas, para os animais silvestres da região.
- Semeie flores silvestres, por causa do néctar e do efeito das cores.
- Projete nichos especiais para lagartos, sapos, borboletas e outros animais.
- Forme bosques espessos para proteger a vida selvagem.
- Se o local for adequado, construa casas de pássaros ou plataformas de ninhos.
- Reintroduza plantas raras nativas como espécimes, se for possível protegê-las.

I. Para reduzir o consumo de água e os custos com jardineiros, use plantas nativas da região no paisagismo.

J. Se determinadas áreas das terras da empresa forem particularmente adequadas à vida selvagem, dê-lhes a designação de "áreas de preservação de hábitat". Elas podem incluir:

- Lagos.
- Cursos de água.
- Áreas pantanosas.
- Leito seco de rios e riachos intermitentes.
- Outeiros.
- Afloramentos rochosos.
- Corredores "naturais" ou áreas de convergência de insetos, pássaros, lagartos, mamíferos e outros animais.

K. Pesquise os aspectos históricos ou arqueológicos do local, fazendo deles um ponto especial de atração.

5. Planejamento de emergências ambientais no local

A. Crie um plano de reação a acidentes ambientais (procedimentos de evacuação, reserva de suprimentos de água e energia, primeiros socorros, ligações por rádios e telefone, etc.) como preparação para:

- Terremotos graves.
- Tornados, ciclones, furacões.
- Explosões químicas.
- Vazamentos de resíduos perigosos.
- Inundações.
- Incêndios.
- Emissão de vapores tóxicos.

B. Instrua os empregados sobre as responsabilidades deles (e o equipamento de segurança adequado) em caso de emergência.

C. Inclua os vizinhos no planejamento de emergências. Informe a comunidade sobre possíveis riscos decorrentes das operações da empresa e o que eles podem fazer para se proteger em caso de emergência.

D. Programe treinos para diferentes contingências, com os funcionários e com a comunidade.

E. Instale monitorização automática de emergência e técnicas de interrupção de operações que envolvam substâncias potencialmente perigosas.

F. Providencie sistemas de emergência de drenagem e captação para conter o transbordamento de efluentes devido a um acidente.

G. Instale sistemas automáticos de alarme para avisar os empregados e a comunidade vizinha sobre a emissão acidental de poluentes ou sobre outros perigos que exigem reação imediata.

Lista de verificação nº 13

Relações internacionais de negócios

A legislação ambiental e social opera com mais eficácia em países onde o espírito e a letra da lei podem ser relativamente bem entendidos. Nos contextos internacionais, em que culturas e valores são discordantes, ao contrário, o sistema de leis e convenções tende a ruir. Existe uma economia global, mas não existe um mecanismo único para assegurar a responsabilidade global. Em conseqüência, as relações internacionais de negócios precisam ser atentamente consideradas do ponto de vista ético.

Os seguintes princípios do Elmwood Institute podem servir de base para a formulação de objetivos empresariais internacionais:

- Consciência da interdependência global
- Paz e não-violência
- Direitos humanos
- Justiça social e econômica

- Responsabilidade pessoal e social
- Descentralização do poder econômico e político
- Diversidade cultural
- Consciência pós-patriarcal
- Critério ecológico

As condições sociais e legais, os recursos econômicos e os fatores culturais precisam ser levados em conta nos convênios empresariais internacionais, porém não devem sobrepujar as metas ecológicas e humanistas.

1. Determinar os objetivos

A. Faça um *brainstorm* de padrões ideais para metas ambientais e sociais básicas em locais de produções no exterior. Vários materiais da Organização para a Educação e a Cultura das Nações Unidas (UNESCO) podem ajudar a definir a ética na relação entre culturas diferentes.

B. Colete informações sobre bens produzidos ou consumidos (no todo ou em parte) em países estrangeiros.

2. Respeito à comunidade

A. Informe-se sobre a história e a cultura das regiões no exterior onde você faz negócios.

B. Respeite a arquitetura, a alimentação, o idioma e a cultura locais.

C. Reconsidere suas estratégias de propaganda, vendas e *marketing*.

- Seja sensível ao problema de preconceitos de raça, de classe, de etnia, de religião ou de sexo.
- Seja sensível aos problemas criados pela introdução de estilos de vida não sustentáveis que podem ser destrutivos para a comunidade.

D. Respeite as diferenças transculturais na forma como as pessoas organizam e moldam suas relações com o ambiente biofísico.

3. Negociar padrões

A. Procure contratar produtores no exterior que também adotem padrões relativos a mão-de-obra e segurança equiparados ou superiores àqueles seguidos em atividades semelhantes no país natal.

B. Inclua novos padrões de materiais, componentes e mão-de-obra nos contratos com os subcontratantes atuais.

C. Dê preferência a fornecedores confiáveis, que expressem disposição em negociar e que compartilhem da visão da empresa.

- Comprove se as subsidiárias e subcontratantes estão obedecendo aos padrões, fazendo verificações regulares *in loco*.

D. Crie diretrizes para o não-investimento ou boicote econômico a empresas que operam em países cujos governos desrespeitam flagrantemente os padrões ambientais, civis ou sociais internacionais.

4. Implementar padrões internacionais (ver também Lista de Verificação nº 2, Materiais)

A. Assegure que as mercadorias destinadas à exportação obedeçam ou superem os padrões de proteção do ambiente e da saúde humana aplicados a produtos nacionais comparáveis.

B. Procure pagar salários compatíveis, justos e não-exploradores a todos os funcionários de subsidiárias e operações subcontratadas.

C. Evite imiscuir-se na política local.

D. Incorpore as convenções da Organização Internacional do Trabalho (1988) relativas a salários, riscos, sindicalização, discriminação de raça e sexo nos contratos; exija que elas sejam cumpridas ou superadas pelas firmas de todas as nações, signatárias e não signatárias.

E. Procure eliminar categorias de raça, sexo, etnia, religião, etc. como fatores de discriminação no emprego, promoção e remuneração.

F. Não use países com padrões legais inferiores como repositórios de processos de produção ou resíduos perigosos.

G. Forneça aos funcionários e consumidores informações concisas sobre a forma de usar, transportar, armazenar e descartar as mercadorias, para minimizar conseqüências negativas sobre o ambiente ou a saúde humana.

- Proporcione treinamento ou informações técnicas sobre produtos intrinsecamente perigosos.
- Etiquete os produtos perigosos no idioma do país de uso.

H. Restrinja ou interrompa a produção de bens, se isso for necessário para a proteção do ambiente ou a saúde da comunidade.

5. Considerações bio-regionais

A. Estude a aplicação dos conceitos abaixo nas operações no exterior:

- Sustentabilidade.
- Biodiversidade.
- Tecnologia adequada.
- Cultura.

6. Recursos

A. Nas reuniões sobre estratégia, avalie se a extrema concentração de controle econômico e político sobre os recursos é um resultado desejável.

B. Apóie a economia de recursos sustentáveis.

C. Se você incorporar às suas operações economias de artesanato em pequena escala, faça-o de maneira eqüitativa.

7. Respeito à vida

A. Boicote o comércio (marfim, casco de tartaruga e outros bens) que depende de espécies em perigo, ameaçadas ou raras, como elefante, morsa, tartarugas marinhas, rinoceronte.

B. Encontre substitutos para bens obtidos por tecnologias e técnicas (como redes de arrastão) que destroem desnecessariamente a vida selvagem ou o hábitat.

8. Implementar estratégias e práticas ecológicas mais avançadas

A. Centralize as informações sobre processos de produção alternativos sustentáveis de pesca, agricultura, silvicultura e assim por diante.

B. Estimule o mercado de novas tecnologias sustentáveis.

C. Comunique as práticas ecologicamente bem-sucedidas e as melhorias técnicas nos processos de produção a outras empresas (a menos que seja economicamente inviável).

- Considere a possibilidade de formar cooperativas de compra.

D. Forme uma rede eletrônica de informações entre empresas com consciência ecológica.

E. Divulgue suas iniciativas para tornar-se ecológica e socialmente responsável nos catálogos, folhetos, boletins e relatórios anuais da empresa, informando também as organizações ambientais interessadas.

11

Dar a partida: prioridades e planos de ação

Ao planejar qual será a abordagem da empresa ao gerenciamento ecológico, não é possível nem desejável fazer tudo de uma vez só. Desenvolver práticas ecologicamente corretas na empresa demanda anos de esforço sistemático, cuidadosamente planejado e levado a efeito com discernimento comercial. Apresentamos aqui algumas considerações sobre prioridade, que podem ajudar a organizar esse esforço. As prioridades de negócios exige que se dê atenção primeiro aos requisitos legais, em seguida às providências que pouparão dinheiro para a empresa ou aumentarão os seus lucros, depois às providências neutras do ponto de vista econômico e, finalmente, às medidas que podem ser um ônus para a empresa ou que representam um alto risco.

Prioridades ecológicas

A Agência de Proteção Ambiental (EPA)* classificou recentemente os piores problemas ecológicos que o mundo enfrenta, con-

* Em inglês, *Environmental Protection Agency*.

forme a lista abaixo (Roberts 1990). A ordem de classificação não tem muita importância.

- Mudança do clima global
- Destruição do ozônio estratosférico
- Alteração do hábitat
- Extinção de espécies e perda de biodiversidade
- Poluentes atmosféricos (por exemplo, mistura de nevoeiro e fumaça)
- Poluentes atmosféricos tóxicos (por exemplo, benzeno)
- Gás rádom
- Poluição em interiores
- Contaminação da água potável
- Exposição ocupacional a produtos químicos
- Aplicações de pesticidas.

É razoável afirmar que as ações da empresa capazes de afetar espécies em perigo e a biologia de grandes áreas (por ex., florestas tropicais) podem ter conseqüências irreparáveis, e deveriam, portanto, ocupar o alto da lista. (Se as atividades de uma empresa causarem perturbações ao hábitat de animais selvagens, deve ser empreendido um trabalho de restauração.) A eliminação de CFCs também é altamente prioritária. As emissões que afetam a qualidade do ar ou os reservatórios de água potável exigem igualmente atenção prioritária; em alguns casos, a qualidade do ar dentro de fábricas (ou até de escritórios) pode apresentar riscos surpreendentemente graves. A possibilidade de acidentes catastróficos também ocupa um dos primeiros lugares na lista para as empresas individualmente, seguida pelos riscos de saúde no local de trabalho ou na proximidade das instalações da companhia, que podem ter sérios aspectos legais, econômicos e de relações públicas. Devem ser formulados e divulgados planos de emergência e de evacuação, treinos e outras medidas para emergências (incluindo planos para terremotos em áreas sísmicas).

Para a população, os problemas de lixo tóxico encabeçam a lista de preocupações ecológicas, juntamente com riscos nucleares, vazamento de petróleo, chuva ácida e outras questões. Embora esses itens não sejam classificados como sumamente importantes pelas comissões científicas da EPA, é evidente que eles exigem a atenção das indústrias envolvidas.

Logo a seguir, em nível de importância, entram as considerações de redução de uso de água, energia e matéria-prima nos atuais processos. Depois disso, pode-se dar atenção aos insumos do processo: o uso de materiais mais ecologicamente desejáveis. Os processos em si podem ser alterados pela adoção de outras tecnologias ou pelo aprimoramento das tecnologias existentes. As substâncias e o calor emitidos podem ser redirecionados, reciclados ou reutilizados. Vencida essa etapa, passa-se à contenção e ao manejo dos materiais residuais prejudiciais (e do ruído), conseguindo a proteção necessária para que os empregados possam dispensar o uso de roupas ou equipamentos especiais.

Prioridades de recursos humanos e organização

É melhor começar com os departamentos da empresa onde os funcionários já estejam interessados em melhorias ecológicas. Quando da contratação de empregados novos para qualquer departamento, deve-se levar em conta o conhecimento ambiental que eles têm. Os gerentes ambientais devem ser pessoas qualificadas em ecologia, economia de negócios ou psicologia. Em empresas maiores, não é aconselhável criar uma grande burocracia centralizada para os assuntos ecológicos; unidades ecológicas auto-reguladoras espalhadas pela empresa, com uma certa coordenação centralizada, são uma idéia melhor, mas exigem um compromisso verdadeiro e constante por parte da alta direção. Com treinamento adequado e motivação, toda a equipe administrativa da empresa deve passar a ter uma mentalidade ecológica.

Prioridades de saúde humana e psicologia

Do ponto de vista social, vêm em primeiro lugar os riscos de saúde, que podem ter sérias conseqüências legais, econômicas e de relações públicas. Por exemplo, restrinja o uso de pesticidas cancerígenos, considere a possibilidade de substituir carpetes impregnados de formaldeído nos escritórios, e monitore todas as toxinas que estejam estocadas, usadas, criadas ou liberadas pela empresa. A boa cidadania empresarial exige vigilância com respeito à saúde dos empregados e da comunidade vizinha.

Dê prioridade às medidas formadoras de hábitos ou exemplares; por exemplo, a adoção de papel higiênico reciclado e papel para correspondência reciclado passa uma mensagem a todos os usuários. Use histórias de interesse humano para dramatizar a importância das medidas ecológicas. Quando são tomadas medidas com efeitos positivos dramáticos e rápidos, tais como a adoção de iluminação com eficiência de energia, certifique-se de que todos os funcionários estejam cientes dos benefícios para a empresa. Procure abordar primeiro as questões sobre as quais há consenso entre os funcionários, por exemplo, a necessidade de reduzir a poeira; e depois, passe para as questões onde há marcadas diferenças de opinião, por exemplo, áreas em que não seja permitido fumar, mesmo que ainda não haja regulamentação da saúde pública a respeito.

Planejamento da eco-auditoria

Como em qualquer atividade de negócios, o planejamento cuidadoso é essencial para o sucesso da eco-auditoria. É importante que as pessoas que organizam e executam o trabalho de auditoria compartilhem a visão do processo de auditoria: seus objetivos, seus métodos e sua relação com as políticas e estruturas da empresa. Esse processo também precisa ser explicado antecipadamente aos departamentos da empresa que serão examinados durante a auditoria.

Pessoas experientes na área, inclusive a EPA, consideram o processo de auditoria uma série ordenada de ações e condições, todas elas necessárias para que a auditoria seja produtiva. Elas são resumidas a seguir. (No caso de empresas grandes, é necessário fazer uma descrição por escrito do processo de auditoria, tanto para os auditores como para os auditados.)

1. Definir os objetivos e o alcance do programa de auditoria

Algumas auditorias, principalmente nos Estados Unidos, têm objetivos facilmente definidos: assegurar que as unidades de manufatura obedeçam aos limites de emissões ou outras regulamentações. À medida que se ampliam os objetivos da eco-auditoria, pode ser que todos os aspectos das operações de uma empresa sejam examinados, e que as questões levantadas sobre as operações de uma empresa pareçam invadir a esfera dos assuntos administrativos gerais. Portanto, provavelmente é melhor que essa ampliação do alcance seja feita por etapas, concomitantemente a um vasto trabalho educativo dentro da empresa. Também é importante definir se uma auditoria será executada de uma só vez ou se deve ser repetida com alguma periodicidade, ou mesmo se deve passar a ser uma atividade normal permanente da empresa.

Questões sobre o sigilo e a custódia do relatório de auditoria, sua distribuição e a relação do departamento jurídico com o processo de auditoria, devem ser resolvidas antes do começo do trabalho. A equipe de auditoria precisa ter noção clara do que se espera dela — recomendações ou simples constatação de fatos. Também é preciso estabelecer referenciais de tempo para o processo de auditoria.

2. Compromisso da alta direção com o programa

Como salientamos anteriormente, sem perspectiva de forte apoio é quase certo que o programa de auditoria seja ineficaz. Declarações por escrito de políticas aprovadas pela cúpula são uma indicação de apoio, porém sinais informais são igualmente importantes: participação nas sessões de relatório de alto nível, atenção freqüente da alta direção, solução rápida e cabal dos problemas. O sucesso a longo prazo de um programa de auditoria está intimamente associado à sua capacidade de envolver o pessoal de escalões inferiores na consecução dos objetivos ecológicos. Isso só pode acontecer se o interesse da alta direção for autêntico e contínuo. Também é preciso ter em mente que os relatórios de auditoria que descrevem problemas podem até mesmo dar margem à responsabilização da empresa, caso a direção não dê pronto respaldo às medidas corretivas.

3. Independência dos auditores em relação às atividades auditadas

Como a auditoria — principalmente do tipo de cumprimento — pode envolver críticas a pessoas da empresa, é preciso que os auditores tenham uma posição independente dentro da companhia (ou sejam consultores externos). Para assegurar a objetividade, os auditores, caso sejam funcionários da empresa, não devem fazer uma auditoria das atividades que antes estavam sob a sua supervisão, ou com as quais têm atualmente alguma ligação. Certo grau de tensão entre auditores e auditados é normal, como na auditoria financeira; os auditores experientes, contudo, são hábeis e evitam atribuir culpas. Eles entendem o ponto de vista dos auditados e ajudam a criar um clima de cooperação para encontrar soluções positivas que ajudarão a empresa e todas as suas partes componentes.

4. Equipe bem selecionada e bem treinada

O trabalho de auditoria requer, muitas vezes, conhecimentos técnicos de considerável profundidade, e familiaridade com processos e práticas industriais. A equipe de auditoria selecionada precisa ter credibilidade nas áreas envolvidas. Se, em determinadas ocasiões, houver necessidade de conhecimento adicional especializado, a equipe de auditoria deve saber onde buscá-lo. Em empresas que estão implementando departamentos de auditoria interna, os auditores podem filiar-se às associações de classe de auditores ambientais que estão sendo constituídas (ver apêndice A), inscrever-se em programas de treinamento e fazer contatos pessoais para tirar proveito do grande acervo de experiência coletiva em vias de formação. O nível de qualidade do trabalho de auditoria deve, assim, elevar-se continuamente. De tempos em tempos, pode-se também contratar consultores para ajudar a avaliar o processo de auditoria.

5. Procedimentos formais de auditoria

As equipes de auditoria costumam usar protocolos, questionários, listas de verificação e outros recursos para organizar o trabalho. Tudo isso faz parte do processo necessário de planejamento e preparação, e não deve ser deixado de lado. Grande parte do trabalho do auditor consome tempo: entrevistas, verificação de registros, vistoria de instalações, e às vezes obtenção de testes de laboratório. O tempo necessário para essas tarefas deve ser provisionado no orçamento de auditoria.

6. *Relatórios*

Em geral, as equipes de auditoria fazem relatórios informais sobre o que constataram durante o "trabalho de campo" da auditoria, às vezes verbalmente, às vezes pelo encaminhamento de papéis de trabalho aos gerentes envolvidos. Esses relatórios iniciais servem de base para reuniões de discussão, durante as quais podem ser corrigidos equívocos, podem ser estudadas soluções para os problemas detectados, ou podem ser expostas as possíveis ações alternativas. As propostas resultantes são, então, incorporadas ao relatório final que os auditores encaminham à alta direção, e que freqüentemente reflete um consenso sobre o problema em pauta. (Às vezes os relatórios para os gerentes de instalações incluem material mais pormenorizado.) Em alguns casos, as responsabilidades por medidas corretivas ou melhorias constam do relatório final, para facilitar o futuro acompanhamento. Uma conferência final, baseada nesse último relatório, em geral conclui o processo de auditoria.

7. *Garantia de qualidade*

Como em qualquer atividade de negócios, a própria auditoria precisa ser fiscalizada para assegurar sua qualidade. Algumas verificações devem ser executadas pela equipe de auditoria, no decorrer do processo; algumas, envolvendo os auditados, devem ser feitas não muito tempo depois. Outras ainda podem ser feitas a intervalos regulares. *Environmental Auditing Quality Management* (Administração da qualidade da auditoria ambiental), um manual de Ann C. Smith e William A. Yodis (1989), pode ser útil no processo de planejamento e avaliação da auditoria.

12

Conclusão: a transformação ecológica da empresa

A transformação ecológica das empresas evoluiu, de modesta, a princípio, para um movimento hoje em dia amplo e complexo, caracterizado por fortes correntes, e também por redemoinhos e remansos. Poucas empresas, atualmente, podem dar-se ao luxo de anunciar publicamente seu desinteresse em melhorar o desempenho ambiental. Por outro lado, os administradores continuam às voltas com custos e riscos, e a mudança, em algumas companhias, parece destinada a um curso irregular e lento.

Nos últimos anos, a cooperação entre grupos ambientais e administradores de empresas tornou-se muito mais comum. Foi preciso que os ambientalistas vencessem a desconfiança em relação às motivações das empresas, o medo (muitas vezes justificado) da cooptação, e um pouco de tecnofobia retardatária. Embora a crítica de parte a parte vá continuar, e até mostrar-se produtiva, parece provável que já estejamos bem adiantados num novo período em que todos os interessados buscam minimizar os impactos da tecnologia industrial sempre que é possível mudar, em vez de procurar culpados ou defender o *statu quo*.

Estas são quatro preocupações com que nos defrontamos:

- A necessidade de inovar, seja no projeto de produtos ou no projeto e operação de processos.

- A necessidade de controlar com responsabilidade a adesão às normas ambientais, estejam elas regulamentadas ou não.
- A necessidade de informar o público de forma honesta e tecnicamente correta, respeitando o seu direito de conhecer os impactos de uma indústria.
- A necessidade de proporcionar treinamento e educação permanente aos funcionários, cuja atuação é essencial para melhorar o desempenho ambiental de uma empresa, e cuja saúde e bem-estar muitas vezes dependem das políticas da empresa.

São estes os padrões éticos para os negócios, em sintonia com as palavras do filósofo alemão Hans Jonas: "Aja sempre de tal forma que os efeitos de seus atos não prejudiquem as futuras possibilidades da vida humana."

Normas pessoais e organizacionais, contudo, nem sempre são o bastante. Assim como as empresas individualmente não podem extinguir o trabalho infantil, sendo necessária para tanto uma proibição nacional por lei, algumas inovações ambientais precisam ser instituídas por regulamentações governamentais, para assegurar igualdade de condições para todas as empresas. Em muitos e muitos casos, as indústrias que combateram os novos padrões, alegando não poder cumpri-los, foram longamente ridicularizadas pelo público quando constataram que, na verdade, era fácil cumprir esses padrões. Às vezes, também, por questões de concorrência internacional, os governos tentam fazer com que as empresas de seu país proponham padrões internacionais.

Companhias que se lançam em programas completos de eco-administração conseguem importantes vantagens de *marketing* bem como, com bastante freqüência, redução de custos e aumento de lucros. No começo do século XXI, parece provável que a transformação ecológica dos negócios se tornará mais e mais profunda. Essa mudança abalará os próprios alicerces da economia como a conhecemos (ver Figura 7, "Perspectivas da transformação ecológica da indústria"). Novas prioridades precisarão ser definidas para instituições e organizações, baseadas nos princípios da sustentabilidade, e não do crescimento exponencial. A contínua busca de novas estratégias de mudança parece inevitável, e nela o gerenciamento ecológico terá um importante papel.

Fig. 7. Perspectivas da transformação ecológica na indústria

I SOCIEDADE INDUSTRIAL	II SOCIEDADE SUPER-INDUSTRIAL	III SOCIEDADE PÓS-INDUSTRIAL
Estruturas patriarcais, hierárquicas, de cima para baixo	Mudança e quebra de papéis, conflitos de hierarquia	Modelos flexíveis, tipo rede, liderança funcional, sinergia
Euforia do crescimento	Limites do crescimento	Princípio da sustentabilidade
Crescimento quantitativo e lateral	Crescimento "qualitativo"	Crescimento "integrativo"
Poluição ambiental	Leis ambientais	Restauração ambiental
Consumo da natureza	Testes de compatibilidade ambiental	Criação de sistemas ecológicos
Exploração de matérias-primas	Reciclagem, economia	"Produtos naturais" artificiais
Problemas de rejeitos/resíduos	Sistemas fechados "inteligentes"	Processos de integração à natureza
Postura básica materialista	Saturação, estagnação	Orientação pós-materialista
Proletarização	Desproletarização	Perspectiva cosmopolita
Formação de classes	Pluralismo, sociedade da futilidade	Comunidades virtuais
Leis sociais	Estado do bem-estar	Segurança básica
Orientação pelo produto	Orientação pela experiência	Orientação pelo *insight*
Modelos mecanicistas	Modelos cibernéticos	Modelos sistêmicos
Idéia linear do tempo	Flexibilização de frações do tempo	Estruturas paralelas de tempo
Expansão territorial	Globalização, ordem planetária	Regionalização mundial

(Lutz 1992)

Apêndice A

Recursos de auditoria

Foram escritos vários manuais sobre auditoria de cumprimento, para aumentar o nível de conhecimento geral na área. A lista abaixo inclui os trabalhos mais recentes e abalizados de que temos conhecimento, em ordem de provável utilidade para a maioria das empresas.

J. Ladd Greeno, Gilbert S. Hedstrom e Maryanne DiBierto, *Environmental Auditing: Fundamentals and Tecniques,* 2ª edição. Cambridge, Mass,: Arthur D. Little, Inc, 1987.
Ann C. Smith e William A. Yodis, *Environmental Auditing Quality Management.* Executive Enterprise, Inc., 22 West 21st Street. New York, N.Y. 10010-6904, 1989.
L. Lee Harrison, editor, *The McGraw-Hill Environmental Auditing Handbook: A Guide to Corporate and Environmental Risk Management.* New York: McGraw-Hill, 1984.
Lawrence B. *Calil,* editor, *Environmental Audits,* 5ª edição. Government Institutes, Inc., 966 Hungerford Drive nº 24, Rockville, MD 1850, 1989.

As organizações e instituições a seguir (em ordem alfabética) têm divulgado informações e/ou organizado programas de treinamento para auditores. Sua inclusão aqui não significa o endosso do Elmwood Institute.

American Institute of Environment Property Auditing, c/o

Theodore Nearing, 1311 West 96th Street, Suite 250, Indianápolis, IN 4620-1173, tel. (317) 633-4000.
Environmental Audit Forum, c/o Mr. Vinay Dighe, Occidental Petroleum, 10889 Wilshire Blvd., suite 1160, Los Angeles, CA 90024.
Environmental Auditing Roundtable, P.O. Box 12798, L'Enfant Plaza Station, Washington, D.C., 20016-3798.
Institute of Environmental Auditing, P.O. Box 23686, L'Enfant Plaza, Washington, D.C. 20029-3686.
Institute of Environmental Sciences, 940 E. Northwest Highway, Mt. Prospect, IL 60056.

Apêndice B

Os Princípios CERES (anteriormente, princípios Valdez)

Introdução

Ao adotar estes Princípios, afirmamos publicamente a nossa convicção de que as empresas têm responsabilidade pelo ambiente e precisam conduzir todos os aspectos de seus negócios como administradores responsáveis do ambiente, operando de uma forma que proteja a Terra. Acreditamos que as empresas não devem comprometer a capacidade de sustento das futuras gerações.

Atualizaremos nossa práticas constantemente, à luz dos avanços da tecnologia e de novos conhecimentos em saúde e ciência ambiental. Em colaboração com a CERES, promoveremos um processo dinâmico para assegurar que os Princípios sejam interpretados de forma a poder incorporar a mudança de tecnologias e realidades ambientais. É nossa intenção fazer progressos constantes e mensuráveis na implementação destes Princípios, e aplicá-los a todos os aspectos de nossas operações no mundo todo.

Proteção da biosfera

Reduziremos e faremos contínuos progressos no sentido de eliminar a liberação de qualquer substância que possa causar dano ambiental ao ar, à água, ou à terra ou seus habitantes. Salvaguardaremos todos os hábitats afetados pelas nossas atividades e protegeremos os espaços abertos e a vida selvagem, preservando ao mesmo tempo a biodiversidade.

Uso sustentável dos recursos naturais

Faremos uso sustentável dos recursos naturais renováveis, tais como água, solos e florestas. Conservaremos os recursos naturais não-renováveis mediante uso eficiente e planejamento cuidadoso.

Redução e despejo de resíduos

Reduziremos e, sempre que possível, eliminaremos os resíduos, reduzindo suas fontes e procedendo à reciclagem. Todos os resíduos serão manejados e despejados mediante métodos seguros e responsáveis.

Conservação da energia

Pouparemos energia e melhoraremos a eficiência de energia de nossas operações internas e dos bens e serviços que vendemos. Não mediremos esforços para usar fontes energéticas ambientalmente seguras e sustentáveis.

Redução de riscos

Envidaremos esforços para minimizar riscos ambientais, de saúde e segurança para nossos empregados e para as comunidades onde operamos, mediante tecnologias, instalações e procedimentos operacionais seguros, e preparando-nos para emergências.

Produtos e serviços seguros

Reduziremos, e, quando possível, eliminaremos o uso, a fabricação ou a venda de produtos e serviços que provocam danos ambientais ou representam perigo à saúde ou à segurança. Informaremos nossos clientes do impacto ambiental de nossos produtos ou serviços e tentaremos corrigir o uso não-seguro.

Restauração do ambiente

Corrigiremos com presteza e responsabilidade as condições por nós provocadas que ameaçam a saúde, a segurança ou o ambiente. Na medida do possível, repararemos ferimentos que causamos a pessoas ou danos que causamos ao ambiente, e restauraremos o ambiente.

Informação ao público

Informaremos em tempo hábil todas as pessoas que possam ser afetadas por condições provocadas pela nossa empresa, capazes de pôr em risco a saúde, a segurança ou o ambiente. Buscaremos periodicamente aconselhamento e opinião no diálogo com os membros das comunidades próximas a nossas instalações. Não tomaremos nenhuma atitude contra empregados que notificarem a administração ou as autoridades competentes de incidentes ou condições perigosas.

Compromisso da administração

Implementaremos esses princípios e daremos respaldo a um processo que assegure que o Conselho de Administração e o Executivo Principal sejam totalmente informados sobre questões ambientais pertinentes e sejam plenamente responsáveis pela política ambiental. Ao escolher nosso Conselho de Administração, levaremos em consideração o compromisso ambiental demonstrado.

Auditorias e relatórios

Conduziremos uma auto-avaliação anual do nosso progresso na implementação destes Princípios. Apoiaremos a criação, no devido tempo, de procedimentos de auditoria ambiental aceitos. Faremos anualmente o Relatório CERES, ao qual o público terá acesso.

Restrições

Estes Princípios estabelecem uma ética ambiental com critérios pelos quais os investidores e outras pessoas possam avaliar o desempenho ambiental das empresas. As empresas que assinam estes Princípios prometem ir, voluntariamente, além dos requisitos da lei. Estes Princípios não se destinam a criar novas responsabilidades legais, ampliar os direitos ou obrigações existentes, renunciar a direitos ou afetar de outra forma a situação legal de qualquer empresa signatária, nem a ser usados contra um signatário em qualquer procedimento legal, para nenhum efeito.

Esta versão revista dos Princípios CERES foi adotada pela Diretoria da CERES em 28 de abril de 1992.

Bibliografia

Bauer, R. A. The state of the art of social auditing. Em *Corporate social accounting*, org. M. Dierkes e R. A. Bauer, 3-42. Nova York: Praeger.

Brown, L. R. 1981. *Building a sustainable society*. Nova York: W. W. Norton.

Brown, L. R., et al. 1990. *State of the world*. Nova York: W. W. Norton (publicação anual)

Bruno, K., com J. Greer. 1992. *The Greenpeace book of greenwashing*. Washington, D. C.; Greenpeace International. (Pedidos a Greenpeace International, 1436 U Street, NW, Washington, DC 200009).

Business Ethics. Publicação mensal. (Pedidos a Mavis Publications Inc., 1107 Hazeltine Blvd, Suite 530, Chaska, MN 55318).

Business and the Environment. (Pedidos a Cuter Information Corporation, 37 Broadway, Arlington, MA 02174).

Butcher, J., com M. Feld. 1992. *The environmental movement: Threat or strategic opportunity*? Boston: The Boston Consulting Group.

Butcher, J., com T. Lent e A. Kleiner. 1991. *Environmental technology: Integrating the enviroment into business*. GBN Worldview Meeting Report, 17-18 de novembro, Monterey, Califórnia.

Cahill, L. B., org. 1987. *Environmental audits*. 5ª ed. Rockville, Md.: Government Institutes. (Pedidos a Government Institutes, Inc., 966 Hungerford Drive nº 24, Rockville, MD 10850).

Callenbach, E. 1990. *Products eco-labelling*. Global File Report nº 3. Berkeley, Calif.: Elmwood Institute.

Campbell, M. E. e W. M. Glenn, 1982. *Profit from pollution prevention. A guide to industrial waste reduction & recycling*. Toronto: Pollution Probe Foundation. (Pedidos a Pollution Probe, 12 Madison Avenue, Toronto, Ontário, Canadá M5R 2SI).

Capra, F., 1982. *The turning point: Science, society and the rising culture*. Nova York: Simon & Schuster. [*O Ponto de Mutação — A Ciência, a Sociedade e a Cultura Emergente*. Editora Cultrix. São Paulo, 1986.]

Capra, F., A. Exner e R. Königswieser, s.d. *Changes in management — management of change: The systemic approach.* Papel de trabalho do Elmwood Institute. Berkeley, Calif.: Elmwood Institute.

Carson, P. e J. Moulden. 1991. *Green is gold: Business talking to business about the environmental revolution.* Toronto: HarperBusiness.

Champoux, J. E., e L. B. Goldman. 1992. Building a total quality culture. Em *The nonprofit management handbook*, org., T. D. Connors. Nova York: John Wiley.

Coalition for Environmentally Responsible Economics. 1990. *The 1990 CERES guide to the Valdez principles.* Cambridge, Mass.: The CERES Coalition.

Corcoran, A. W., e W. E. Leininger, Jr., 1970. Financial statements — Who needs them? *Financial Executive*, 38, nº 8 (agosto): 34-48.

Critical questions about new paradign thinking. 1986. Número especial. *ReVision: The Journal of Consciousness and Change*, 9, nº 1 (primavera/verão).

Deal, T. E., e A. A. Kennedy. 1982. *Corporate cultures: The rites and rituals of corporate life.* Reading. Mass.: Addison-Wesley.

Devall, B., e G. Sessions. 1985. *Deep ecology.* Layton, Utah: Gibbs M. Smith.

Dyllik, T., 1989. *Ökologisch bewusste Unternehmungsführung: Der Beitrag der Managementlehre.* St. Gallen, Suíça: Swiss Association for Ecologically Conscious Management. (Pedidos a Ö.B.U., Postfach 9, 9001 St. Gallen, Suíça).

Eartworks Group. 1991. *Fifty simple things your business can do to save the earth.* Berkeley, Calif,: Eartworks Press.

Earthworks Group. 1989. *Fifty simple things you can do to save earth.* Berkeley, Calif.: Earthworks Press.

Edwards, T. C. 1989. *Annotated bibliography on environmental auditing.* Manuscrito não publicado, 8ª ed., rev. 1. (Pedidos a Regulatory Innovations Staff. Office of Policy, Planning and Evaluation, U.S. Environmental Protection Agency, 401 M. Street, SW, Washington, DC 20460).

Edwards, T. C. 1989. *Industrial environmental management: An Annotated bibliography of practical sources.* Manuscrito não publicado. 2ª ed. (Pedidos a Regulatory Innovatios Staff, Office of Policy, Planning and Evaluation, U.S. Environmental Protection Agency, 401 M. Street, SW, Washington, DC 20460).

Eisler, R. 1987. *The Chalice and the blade.* São Francisco: Harper & Row.

Elkington, J. 1990. *The environmental audit: A green filter for company policies, plants, processes and products.* Londres: SustainAbility Ltd. e World Wide Fund for Nature. (Pedidos a SustainAbility Ltd., 49 Princes Place, London W11 $QA, Inglaterra).

Elkington, J. 1987. *The Green capitalists: Industry's search for environmental excellence.* Londres: Victor Gollancz.

Elkington, J., e A. Dimmock. The corporate environmentalists. *Global 500: The Quartely Newsletter of UNEP's Global 500 Roll of Honour for Environmental Achievement*, nº 5 (abril): 4-7.

Environmental Action at Smith & Hawken in 1990. 1990. Manuscrito não publicado. Abril, atualizado em julho.

Environmental Auditor, vol. 1, nºs 1-3, 1989.

Environmental Management of The Body Shop International. 1990. Relatório interno da empresa. Julho.

Fox, W. 1984. Deep ecology: A new philosophy of our time? *The Ecologist*, 14, nº 5-6.

Gabor, A. 1990. *The man who discovered quality: How W. Edwards Deming brought the quality revolution to America — The stories of Ford, Xerox, and GM*. Nova York: Penguin Books.

Global 500: The Quartely Newsleter of UNEP's Global 500 Roll of Honour for Environmental Achievement. (Pedidos a Global 500 Programme, UNEP, PO Box 30552, Nairobi, Kenya).

Global Village News. Social Venture Network, 1388 Sutter St., Ste. 1010, São Francisco, CA 94109.

Gore, A. 1992. *Earth in the balance*. Boston: Houghton Mifflin.

Greeno, J. L., G. S. Hedstrom e M. DiBerto. 1987. *Environmental auding: Fundamentals and techniques*. 2ª ed. Cambridge, Mass.: Arthur D. Little.

Hackman, J. R. e G. R. Oldham. 1980. *Work redesign*. Reading, Mass.: Addison-Wesley.

Harrington, J. C. 1992. *Investing with your conscience*. Nova York: John Wiley.

Harrison, L. L., org. 1984. *The McGraw-Hill environmental auditing handbook: A guide to corporate and environmental risk management*. Nova York: McGraw-Hill.

Henderson, H. 1981. *The politics of the solar age*. Nova York: Doubleday. International Chamber of Commerce. 1988. *Environmental auditing*. Paris: ICC Publishing S.A. (Pedidos a Internacional Chamber of Commerce, 38 Cours Albert 1er, 75008, Paris, França.)

International Labour Office. 1988. *Sumaries of international labour standards*. Genebra, Suíça: International Labour Office.

Kohn. A. 1986. *No Contest: The case against competition*. Boston: Houghton-Mifflin.

Kreikebaun, H., org. 1990. *Integrierter Umweltschutz, Eine Herausforderung an das innovationsmanagement*. Wiesbaden: Betriebswirtschaftlicher Verlag Dr. Th. Gabler.

Lawler, E. E. 1969. Job design and employee motivation. *Personnel Psychology*, 22:426-435.

Leighton, T. 1992. Ten trends in corporate environmentalism. *Tomorrow: The Global Environmental Magazine*, 2,2:25-31.

Lutz, R. 1992. *Innovationsökologie*. [Inclui trechos deste livro, com muitos outros materiais.] Munique: Bonn Aktuell.

Lutz, R., org. 1981. *Sanfte Alternativen*. Weinheim, Alemanha: Beltz.

Lutz, R., em colaboração com F. Capra. 1990. *The development of ecologically conscious management in Germany*. Global File Report nº 1. Berkeley, Calif.: Elmwood Institute.

Marlin, A. T., E. Swaab e R. Will. 1990. *Shopping for a better world*. Nova York: Council on Economic Priorities.

Maturana H., e F. Varela. 1987. *The tree of knowledge*. Boston: Shambhala.

McLeod., R. G. 1990. Environmental worries affect shopping. *San Francisco Chronicle*, 3 de julho, caderno A, p. 4.

Mickens, E. 1991. Extending benefits to non-traditional families. *Business Ethics*, 5, nº 6 (novembro/dezembro), p. 14.

Moskowitz, M., R. Levering e M. Katz. 1993. *The 100 best companies to work for in America*. Nova York: Doubleday Currency.

Müller-Wenk, R. 1980. Konflikt Ökonomie: Ökologia. Heidelberg: C. F. Müller.

Naess, A. 1973. The shallow and the deep, Long-range ecology movement: A summary. *Inquiry* 16.

Oberholz, A., 1989. *Umweltorientierte Unternehmensführung, Notwendigkeit, Einführung, Erfolger*. Frankfurt: Frankfurter Allmeneine Zeitung GmbH.

Pfriem, R., org. 1986. *Ökologische Unternmenspolitik*. Frankfurt Campus.

Piasecki, G. e P. Asmus. 1990. *In search of environmental excellence: Moving Beyond Blame*. Nova York: Simon & Schuster.

Pieroth, E. e L. Wicke. 1988. *Chancen der Betriebe durch Umwelrschutz, Plädoyer für offensives, gewinnorientiertes Umweltmanagement*. Friburgo: Rudolf Haufe Verlag.

Roberts, L. 1990. Counting on science at EPA. *Science*, 249 (10 de agosto): 616-618.

Schmidheiny, S. e Business Council for Sustainable Development. 1992. *Changing course*. Cambridge, Mass.: MIT Press.

Schreiner, M. 1988. *Umweltmanagement in 22 Lektionen*. Wiesbaden: Gabler.

Schwartz, P. 1991. *The art of the long view*. Nova York: Doubleday Currency.

Senge, P. M. 1990. *The fifth discipline: The art & practice of the learning organization*. Nova York: Doubleday Currency.

Sietz, M. e R. Michahelles, 1989. *Umwelt-checklist für Manager*. Taunussteing: Eberland Blottner Verlag.

Smart, B, 1992, *Beyond compliance: A new industry view of the environment*. Washington, D. C.: World Resources Institute.

Smith, A. C. e W. A. Yodis. 1989. *Environmental auditing quality management.* Nova York: Executive Enterprises. (Pedidos a Executivos Enterprises, Inc., 22 West 21st Street, Nova York: NY 10010-6904).

Steger, U. 1988. *Umweltmanagement, Erfahrunger und Instrumente einer Unweltorienierten Unternehmensstrategie.* Frankfurt. Allgemeine Zeitung GmbH.

Tetsuro, M. 1992. The Valdez Society research 51 companies, environmental performance. *Valdez Society News from Japan*, nº 1 (outubro): 1-12. (Publicado por The Valdez Society, Tóquio).

Tibbs, H. 1992. *How Many "amorys" does it take to save the World?* GBN Worldview Meeting Report. 29-31 de março, Aspen, Colorado.

Tibbs, H. 1991. *Industrial ecology: An environmental agenda for industry.* Boston: Arthur D. Little.

Programa ambiental das Nações Unidas. 1988. *Industry and environment.* Questões especiais sobre auditoria ambiental, Vol. 11, nº 4. (outubro/novemvro/dezembro.) (Pedidos a UNEP Industry and Environment Office, Tour Mirabeau, 39-43 quai André Citroën, 75739 Paris cedex 15, França).

Vaill, P. 1989. *Managing as a performing art: New ideas for a word of chaotic change.* São Francisco: Jossey-Bass.

Winter, G., et al. 1989. *Business and the environment. A handbook of industrial ecology with 22 checklists for pratical use and a concrete example of the integrated system of environmentalist business management (the Winter model).* Hamburgo e Nova York: McGraw-Hill Book Company GmbH.

Winter, G. et al. 1987. *Das Umweltbewusste Unternehmen, Ein Habdbuch der Betriesökologie mit 22 Check-Listen für die Praxis.* Munique: C. H. Beck Verlag. Comissão Mundial para o Ambiente e o Desenvolvimento. 1987. *Our Common future.* Oxford: Oxford University Press.

O PONTO DE MUTAÇÃO

Fritjof Capra

Em *O Tao da Física,* Fritjof Capra desafiou a sabedoria convencional ao demonstrar os surpreendentes paralelos existentes entre as mais antigas tradições místicas e as descobertas da Física do século XX. Agora, em *O Ponto de Mutação,* ele mostra como a revolução da Física moderna prenuncia uma revolução iminente em todas as ciências e uma transformação da nossa visão do mundo e dos nossos valores.

Com uma aguda crítica ao pensamento cartesiano na Biologia, na Medicina, na Psicologia e na Economia, Capra explica como a nossa abordagem, limitada aos problemas orgânicos, nos levou a um impasse perigoso, ao mesmo tempo em que antevê boas perspectivas para o futuro e traz uma nova visão da realidade, que envolve mudanças radicais em nossos pensamentos, percepções e valores.

Essa nova visão inclui novos conceitos de espaço, de tempo e de matéria, desenvolvidos pela Física subatômica; a visão de sistemas emergentes de vida, de mente, de consciência e de evolução; a correspondente abordagem holística da Saúde e da Medicina; a integração entre as abordagens ocidental e oriental da Psicologia e da Psicoterapia; uma nova estrutura conceitual para a Economia e a Tecnologia; e uma perspectiva ecológica e feminista.

Citando o *I Ching* — *"Depois de uma época de decadência chega o ponto de mutação"* — Capra argumenta que os movimentos sociais dos anos 60 e 70 representam uma nova cultura em ascensão, destinada a substituir nossas rígidas instituições e suas tecnologias obsoletas. Ao delinear pormenorizadamente, pela primeira vez, uma nova visão da realidade, ele espera dotar os vários movimentos com uma estrutura conceitual comum, de modo a permitir que eles fluam conjuntamente para formar uma força poderosa de mudança social.

EDITORA CULTRIX

O TAO DA FÍSICA

Um Paralelo Entre a Física Moderna e o Misticismo Oriental

Fritjof Capra

Este livro analisa as semelhanças — notadas recentemente, mas ainda não discutidas em toda a sua profundidade — entre os conceitos subjacentes à física moderna e as idéias básicas do misticismo oriental. Com base em gráficos e em fotografias, o autor explica de maneira concisa as teorias da física atômica e subatômica, a teoria da relatividade e a astrofísica, de modo a incluir as mais recentes pesquisas, e relata a visão de um mundo que emerge dessas teorias para as tradições místicas do Hinduísmo, do Budismo, do Taoísmo, do Zen e do I Ching.

O autor, que é pesquisador e conferencista experiente, tem o dom notável de explicar os conceitos da física em linguagem acessível aos leigos. Ele transporta o leitor, numa viagem fascinante, ao mundo dos átomos e de seus componentes, obrigando-o quase a se interessar pelo que está lendo. De seu texto, surge o quadro do mundo material não como uma máquina composta de uma infinidade de objetos, mas como um todo harmonioso e "orgânico", cujas partes são determinadas pelas suas correlações. O universo físico moderno, bem como a mística oriental, estão envolvidos numa contínua dança cósmica, formando um sistema de componentes inseparáveis, correlacionados e em constante movimento, do qual o observador é parte integrante. Tal sistema reflete a realidade do mundo da percepção sensorial, que envolve espaços de dimensões mais elevadas e transcende a linguagem corrente e o raciocínio lógico.

Desde que obteve seu doutorado em física, na Universidade de Viena, em 1966, Fritjof Capra vem realizando pesquisas teóricas sobre física de alta energia em várias Universidades, como as de Paris, Califórnia, Santa Cruz, Stanford, e no Imperial College, de Londres. Além de seus escritos sobre pesquisa técnica, escreveu vários artigos sobre as relações da física moderna com o misticismo oriental e realizou inúmeras palestras sobre o assunto, na Inglaterra e nos Estados Unidos. Atualmente, leciona na Universidade da Califórnia, em Berkeley.

A presente edição vem acrescida de um novo capítulo do autor sobre a física subatômica, em reforço às idéias por ele defendidas neste livro.

EDITORA CULTRIX

SABEDORIA INCOMUM

FRITJOF CAPRA

SOBRE O AUTOR

Fritjof Capra recebeu seu Doutorado da Universidade de Viena e tem realizado pesquisas sobre física de alta energia em várias universidades americanas e européias. Além de seus vários artigos sobre pesquisa técnica, tem escrito e lecionado extensivamente sobre as implicações filosóficas da ciência moderna.

É o autor de *O Tao da Física* e de *O Ponto de Mutação* e fundador do Instituto Elmwood (P.O. Box 5805, Berkeley, CA 94705), uma organização internacional dedicada a ensinamentos sobre novas visões ecológicas e sua aplicação nos problemas sociais, econômicos e ambientais da atualidade.

EDITORA CULTRIX

PERTENCENDO AO UNIVERSO

Explorações nas fronteiras da ciência e da espiritualidade

FRITJOF CAPRA

e

DAVID STEINDL-RAST

com Thomas Matus

FRITJOF CAPRA (Ph. D. em física, Viena), físico e especialista em teoria sistêmica, autor dos *best-sellers* internacionais: *O Tao da Física, O Ponto de Mutação* e *Sabedoria Incomum*, todos publicados pela Editora Cultrix, é o fundador e o presidente do Elmwood Institute, organização para o desenvolvimento de novas idéias no campo da Ecologia, em Berkeley, Califórnia.

DAVID STEINDL-RAST (Ph. D. em psicologia, Viena), autor de *Gratefulness* e de *A Listening Heart*, assim como Thomas Matus, é membro da comunidade beneditina camaldulense de Big Sur, Califórnia.

EDITORA CULTRIX

A ESTRATÉGIA DO GOLFINHO:
A Conquista de Vitórias num Mundo Caótico
Dudley Lynch e *Paul L. Kordis*

Eis aqui idéias que... podem levar as pessoas que trabalham em empresas a ter uma vida mais plena de realizações, eliminando os medos e as inibições que caracterizam tão bem a atividade empresarial.

MILTON MOSCOWITZ, autor de
The 100 Best Companies for in America.

Lynch e Kordis, em *A Estratégia do Golfinho,* desenvolveram os conceitos que tenho adotado na minha prática de consultoria, levando-os a um ponto de congruência "quase perfeito".

JAMES L. MURPHY, diretor executivo,
de liderança e desenvolvimento organizacional da
U.S. West, Inc., em Denver.

A Estratégia do Golfinho analisa um novo e engenhoso meio de preparar líderes empresariais para aquele audacioso mas excitante "Novo Dia". Os professores de todas as faculdades de administração de empresas do país precisam prestar atenção neste livro.

DON EDWARD BECK,
National Values Center.

A melhor aplicação de estratégias pós-New Age para administração que já conheci.

WARREN BENNIS, eminente professor de
administração de empresas da University of Southern California.

A Estratégia do Golfinho é um manual prático e orientado para os negócios que ensina como ser pessoal e institucionalmente mais receptivo a este novo mundo que está se formando.

RICHARD LAMM,
Center for Public Policy and Contemporary Issues.

A Estratégia do Golfinho é sabedoria prática posta numa forma simples e divertida. É um livro obrigatório.

WILLIS HARMAN,
presidente do Instituto de Ciências Noéticas e
autor de *Higher Creativity.*

EDITORA CULTRIX